실패를 생각하지 않는 연습

실패를 생각하지 않는 연습

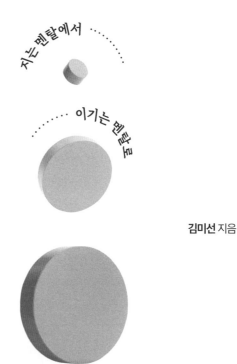

지는 멘탈에서 ········ ········ 이기는 멘탈로

김미선 지음

쌤앤파커스

추천의 말

김미선 박사님의 이야기를 들으면 성공보다 나은 실패가 있다고 믿게 된다. 스포츠는 결과뿐만 아니라 과정도 충분히 아름다운 세계라는 걸 다시 한번 확신할 수 있었다. 세상이 정한 기준과 가치에 따라가기만 하는 게 아니라 나만의 삶의 철학으로 꿈을 이루고 싶은 분들에게 추천하고 싶은 책이다. 스포츠 정신을 삶에 적용해 보는 일은 어쩌면 삶을 어제보다 더 나은 존재로 만들 수 있는 길이 아닐까 생각한다. 인생도 결과보다 과정이 훨씬 아름다운 것이니까.

_ 프로게이머 페이커

많이 져야 많이 이길 수 있다는 말이 있다. 실패를 본보기 삼아

보완하여 더 향상된 실력을 갖춘다는 뜻이다. 김미선 박사님에게 상담만 받으면 실수와 실패를 생각하지 않고 도전하는 힘을 얻는다. 실패는 성공의 주춧돌이 되어 준다는 걸, 이기는 게 전부가 아니라는 걸 박사님을 통해 배웠다. 어제보다 오늘 더 성장하고 싶은 분이라면, 내 안에 깃들어 있는 잠재력을 제대로 끌어내고 싶은 분이라면 꼭 읽어야 할 책이다.

_ 국가대표 바둑선수 김경은

고된 훈련으로 고통에 시달릴 때면 나는 언제나 김미선 박사님을 찾았다. 끝이 보이지 않아도 언제나 모든 일에는 끝이 있고, 그 끝은 내 생각보다 훨씬 더 찬란하게 빛난다는 걸 박사님과 상담을 통해 알게 되었다. 끝은 새로운 시작이기도 하니까. 다른 누구도 아닌 내가 중심인 단단하고 건강한 삶을 살고 싶은 분들에게 이 책을 추천한다.

_ 전 청소년대표 체조선수 김서진

아직도 노력의 힘보다 재능의 힘이 더 강력하다고 생각하는가? 김미선 박사의 책을 읽으면 그 생각이 완전히 뒤바뀔 것이다. 노력의 힘과 중요성을 정확한 논리와 눈부신 다정함으로 전하는 김미선 박사의 이야기가 정말 귀하다. 실패가 두려워서 도전하지 못하고 있다면 이 책을 읽고 실패를 생각하지 않는 연습을 시작하라. 이 연습이 당신을 그토록 바라던 성공으로 이끌 것이다.

_한국스포츠심리학회 회장, 인하대학교 체육교육과 교수 김병준

치열한 경쟁과 도전, 승리와 패배, 좌절과 희망. 스포츠 세계는 우리 사회의 축소판이다. 이 책은 선수들의 이야기를 통해서 세상을 살아가는 우리에게 강인한 마음과 멘탈로 살아가는 방법을 전한다. 결과보다 눈부신 과정이 있다는, 잠시 잊고 있었던 사실을 김미선 박사의 책을 읽으며 다시금 깨닫게 되었다. 노력이 재능을 이긴다는 희망, 그 희망을 현실로 만드는 김미선 박사의 이야기를 나는 조금의 의심도 없이 믿게 된다.

_중앙대학교 체육교육과 교수, 허정훈

나는 그가 우리나라를 대표하는 스포츠심리상담사라고 생각한다. 때로는 강하게, 때로는 부드럽게. 어떤 상황에서도 무너지지 않을 강한 멘탈을 만드는 김미선 박사만의 금빛 솔루션을 만날 수 있는 책이다. 누구든지 쉽고 재미있게 배울 수 있는 세계 1위의 멘탈 관리법을 따라하라. 어제와 다른 삶을 살게 될 것이다.

_서울대학교 체육교육과 교수, 권성호

'어떻게 하면 튼튼한 멘탈을 가질 수 있을까?' 이는 전 세계가 고민하는 주제이다. 누구도 뚜렷한 답을 내놓지 못하던 차에 혜성처럼 등장한 책이 있다. 바로 김미선 박사의 《실패를 생각하지 않는 연습》이다. 나의 마음을 지키면서도 멘탈을 강하게 만들어주는 효과적인 방법을 전하는 이 책은 확실한 희망을 선사한다. 더 나은 삶을 살아갈 수 있으리라는 희망을 말이다.

_ 조지아주립대학교 교수, 이천표

실패는 아름답다. 실패는 반드시 성공을 만들기 때문이다. 실패하지 않기 위해 애쓰기보다 실패를 생각하지 않고 도전하는 선수들의 이야기는 더욱더 아름답다. 이 책을 읽으면 왜 수많은 국가대표, 운동선수들이 김미선 박사를 찾는지 알게 된다. 세계 1위의 단단한 마음, 튼튼한 멘탈을 가지고 싶은 분이라면 일독을 권한다.

_ 숙명여자대학교 체육교육과 교수, 전 국가대표 농구선수 정지혜

| 일러두기 |

• 이 책에 등장하는 운동선수들의 사례는 내담자 보호를 위해 각색되었으며
  간혹 실명이 언급되는 선수에게는 사전 동의를 받았습니다.

모든 건 마음에서 시작합니다

대한민국을 대표하는 운동선수들의 '마인드'와 '멘탈'을 책임지는 스포츠심리상담사. 저의 또 다른 이름입니다. 스포츠심리상담은 기존의 심리상담과 약간 차이가 있습니다. 스포츠심리상담은 스포츠심리학이라는 이론을 기반으로 하는 상담이며, 주로 운동선수·예술인 등을 대상으로 이루어지는 편입니다. 심리상담이 개인의 정신건강을 지원하는 것이라면, 스포츠심리상담은 운동선수의 정신적 역량을 강화하고 심리적 기술을 활용하여 경기에서 좋은 성과를 내는 것을 목표로 합니다. 여기에서 말하는 좋은 성과란 무조건 1등을 하는 게 아니라 선수 개개인이 각자가 설정한 목표를 달성하는 것을 의미합니다. 즉, 어제보다 오늘 더 좋은 성과를 내는 것. 이것을 가장 큰 목표로 하지요.

저는 초등학교 때부터 대학교 때까지 13년 동안 농구선수로 활동했습니다. 농구선수 출신의 스포츠심리상담사로서 운동선수의 고통은 무엇인지, 그들의 마음이 어떤 상태인지 누구보다도 잘 알고 있습니다. 감히, 그렇게 말하고 싶습니다.

14년 동안 3,000여 명의 선수들을 상담하며 발견한 사실이 있습니다. 이름만 대면 누구나 알 법한 유명 선수들의 성과, 연봉, 명예……. 눈에 띄는 결과 뒤에는 온몸이 찢어지고, 부서지고, 갈리는 어마어마한 고통이 있다는 것입니다. 실제 운동선수의 삶은 고통의 연속입니다. 도망치고 싶은 순간, 포기하고 싶은 순간이 쉼 없이 찾아옵니다. 아무리 노력해도 나의 몸과 마음은 나를 배신하지요. 과거의 실패가 나를 따라다니고, 같은 실수를 반복할까 불안에 떨고, 스스로를 구렁텅이로 몰아넣기 일쑤입니다. 미래는 어둡기만 하고, 오늘의 나는 어떻게 살아야 할지 몰라서 공포에 휩싸이기도 하지요. 이 고통은 운동선수라면 누구나 할 것 없이 반드시 겪어야 하는 과정입니다.

하지만 이처럼 모두가 피를 쏟는 노력을 해도 1등을 할 수 있는 건 오직 한 사람뿐입니다. 그렇다면 1등을 하지 못한 선수들은 아무 의미 없는 노력을 한 것일까요? 그렇지 않습니다. 스포츠심리상담은 이러한 지점 때문에 반드시 필요합니다. 1등을 하지 않아도 괜찮다는 게 아니라 1등만이 나의 목표가 아니라는 걸 스스로 깨닫게 도와주는 게 바로 스포츠심리상담의 효능이자, 건강한 마인드-멘탈을 장착한 운동선수로 가는 첫 번째 걸음이기 때문이지요. 위와 같은 사고의 흐름이 있어야 '1등을 하지 않아도 괜찮아'라는 말이 나올 수 있습니다.

거장들에게는 공통점이 있다

저는 이 세상에 존재하는 모든 운동선수들을 진심으로 존경합니다. 그들의 마인드-멘탈은 따라하는 것도 좋지만, 이야기를 한번 듣는 것만으로도 훌륭한 자극제가 됩니다. 저는 어느 순간부터 선수들의 마인드-멘탈을 닮아가는 저 자신을 발견하고 굉장히 놀랐습니다. 그리고 14년 동안 제 안에 차곡차곡 쌓인 삶을 대하는 태도는 어느덧 운동선수들을 넘어서 가족, 친구…… 제 주변 사람들에게도 긍정적인 영향을 미치고 있었지요.

몇 가지 예시를 들어 볼까요? 축구선수 손흥민은 경기에 나가기 직전에 항상 하는 기도가 있다고 합니다. '경기를 뛸 수 있음에 감사합니다'라고 기도를 올린 후에 씩씩하게 경기장으로 나간다고 하지요. 또 프로게이머 페이커도 비슷한 이야기를 했습니다. 〈2023 리그 오브 레전드League of Legend 월드 챔피언십〉에서 우승을 거두고 "경기를 할 수 있음에 감사합니다"라는 수상 소감을 해서 화제가 됐죠.

두 거장에게는 공통점이 있습니다. 결과가 아니라 과정에서 성취감을 느끼고 행복감을 느끼는 것, 그리고 그 과정에 내가 존재할 수 있음에 진심으로 감사하는 것. 실제로 제가 만난 우수 선수들도 두 거장과 유사한 마인드를 장착하고 있는 경우가 많았습니다. 그들의 긍정적인 마인드가 저의 몸과 마음에 밴 건지 저 역시도 언젠가부터 상담에 임할 때면 그들과 같은 마인드를 가지게 되었다는 걸 알 수 있었습니다. '좋은 성과를 끌어내는 것만이 전부는 아니다', '지금 내 눈앞의 선수와 상담할 수 있음에 감사하다', '그들 앞에서 최선을 다할 수 있음에 감사하다'와 같은 말을 하게 되었지요. 이처럼 운동선수들의 마인드-멘탈에서 배울 점이 정말 많습니다.

모든 걸 내 삶에 적용할 수는 없겠지만 하나 확실하게 말씀드릴 수 있는 건 그들의 이야기를 통해서 긍정적인 에너지 하나만큼은 제대로 가지고 갈 수 있다는 겁니다. 저는 제가 느꼈던 그들의 아름다운 에너지를, 이 좋은 이야기를 오래전부터 많은 사람들에게 전하고 싶었습니다. 이것이 제가 책을 쓰게 된 첫 번째 이유입니다.

마인드가 먼저일까, 멘탈이 먼저일까?

제가 마인드와 멘탈을 '마인드-멘탈'로 함께 이야기하는 이유가 있습니다. 흔히 마인드는 '마음'으로 멘탈은 '정신력'으로 해석합니다. 하지만 정신력 이전에는 마음이 있습니다. 다시 말해 마인드가 먼저이고, 멘탈이 다음입니다. 그리고 그 둘은 이어져 있습니다. 떼려야 뗄 수 없는 사이입니다.

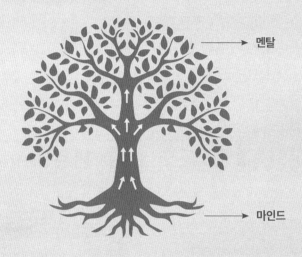

긍정적인 마음을 심으면 강한 정신력이,

부정적인 마음을 심으면 약한 정신력이 자란다.

즉, 내 마음에 어떤 걸 심느냐에 따라서 내 정신력이 결정됩니다. 약한 마음, 부정적인 마음을 심으면 정신력은 약해질 수밖에 없습니다. 반면에 강한 마음, 긍정적인 마음을 심으면 정신력은 강해집니다. 그래서 무슨 일이 있어도 희망을 가져야 한다고 말하는 거예요. 희망이라는 단어 자체에는 커다란, 무궁무진한 에너지가 있습니다. 그렇게 나의 정신력은 긍정으로 채워지는 것이지요.

물론 밝은 마음을 품는다고 해서 멘탈이 단번에 강해지지는 않습니다. 스포츠심리상담을 통해서 마인드 훈련을 하고, 멘탈 훈련을 해 이 둘이 함께 강해지도록 만드는 것이 저의 역할이기도 합니다. 그래서 저는 '마인드-멘탈이 강해지는 방법'을 이 책에 고스란히 담기로 결심했습니다.

먼저 이야기하고 싶은 건 건강하고 강인한 마인드-멘탈은 연습을 통해 충분히 만들어질 수 있다는 겁니다. 무수히 많은 매체에서 이야기하는 운동선수들의 성취와 성공은 단순한 우연이 아닙니다. 흔히들 우리는 혹독한 훈련으로 세계 1위에 등극하는 선수들을 보며 '타고났다'라고 말하지요. 하지만 저는 그 말에 동의하지 않습니다. 그것은 끊임없는 노력과 지속적으로 성장하고자 하는 선수의 욕구, 그리고 스포츠심리학의 서포트가 만들어 낸 탁월한 결과물입니다.

저는 언제나 말합니다. 재능보다 중요한 것은 노력이라고 말이지요. 그러니 '타고났다'는 말에 압도되지 마세요. 노력은 재능을 이깁니다. 이 책을 쓴 두 번째 이유가 여기에 있습니다. 노력이 재능을 이긴다는 이야기를 반드시 하고 싶었기 때문입니다.

실패를 대하는 태도가 성공을 결정한다

어떤 상황에서도 침착함을 유지하는 것은 물론이고, 그저 바라보는 것만으로도 힘이 나는 선수들이 있습니다. 이러한 유형의 선수들은 경기의 중심에 당당히 서서 승패를 좌우하는 결정적인 역할을 해내죠. 이 선수들에게는 공통점이 있습니다. 무슨 일이 있어도 '즐기려고 노력한다는 것'입니다. 심지어는 극한의 긴장 상황 속에서 찾아오는 압박감도 즐기고, 원하는 걸 이루지 못했을 때 실패의 순간도 즐깁니다. 물론 압박감과 실패를 마냥 즐겁게 여길 수만은 없을 거예요. 중요한 건 이를 대하는 태도입니다. 그들은 순간의 고난을 대하는 지금 나의 태도가 미래를 결정한다는 걸 본능적으로 알고 있습니다. 여기서 도망치면 영원히 도망치는 것과 다를 바 없기 때문입니다.

'지금 못하는 거지, 다음에도 못하는 게 아니야. 나에게는 다음이 있어. 나는 할 수 있다.'

'이까짓 거 별거 아니야. 이 순간을 이겨내면 나는 성장한다.'

그들은 실패를 두려워만 하지 않습니다. 실패를 통해 약점을 개선하고, 성숙해지기 위해 노력합니다. 실패는 마침표가 아닙니다. 끝이 아닙니다. 성장의 기회입니다. 또 '불안'이라는 감정을 자신을 강하게 만들기 위한 도구로 이해하며, 잠재력을 끌어내고 더 높은 단계로 가기 위한 도구로써 활용하기 위해 노력하지요. 그들은 쉽게 상실감에 빠지지 않으며, 외부의 잡음보다 내면의 소리에 집중하고 승리를 향해 나아갑니다. 불안으로 성장하고, 실패로 성장해 마침내 원하는 목표를 달성하는 것. 이것이 그들의 도전의 이유고, 삶의 목적이지요.

혼자서 모든 걸 감당하려고 하지 마세요

혼자서 고난과 역경에 맞서는 것, 조력자의 도움을 받아 전략적으로 싸우는 것. 어느 쪽이 성공 확률이 높을까요? 당연히 후자입니다. 30년 전의 저는 홀로 좌절하고 괴로워했습니다. 혼자서 모든 걸 하려고 했고 도움의 손길도 뿌리쳤습니다. 의지만으로 모든 걸 할 수 있다고 믿었습니다. 그렇게 철저하게 13년을 견뎠고, 견디다 못해 그렇게 좋아하던 농구를 제 손으로 놓아주어야만 했지요. 하지만 누군가에게 도움을 구했더라면, 도움을 받아서 전략적으로 싸웠더라면 주저앉아 좌절만 하고 있지는 않았을 겁니다. 지금의 고난을 발판 삼아 나아갔을 겁니다.

하지만 이러한 시절을 보냈기에 저는 스포츠심리상담사가 될 수 있었습니다. 선수였던 저는 선수들의 고통을 잘 압니다. 그렇기에 그들의 마음을 더 깊숙이 온몸으로 공감할 수 있습니다.

그동안 운동선수들을 상담하며 도리어 선수들에게 많은 것을 배웠습니다. 단 한 번도 그들을 가르치려고 든 적은 없습니다. 지금 내 앞에 있는 선수가 저보다 더 훌륭한 사람이라는 것을 알고 있기 때문입니다. 상담사는 해결책을 찾아 주는 사람이 아닙니다. 이래라저래라 가르치는 사람이 아닙니다. 내담자가 스스로 자신의 내면을 들여다보고 해결책을 찾을 수 있도록, 보다 더 나은 삶을 살 수 있도록, 그렇게 내가 원하는 결과를 얻을 수 있도록 방향을 제시하는 사람입니다. 제가 만났던 선수들은 이미 고난과 역경을 헤쳐가는 방법을 알고 있었습니다. 다만 그걸 발견하지 못했을 뿐입니다. 제가 만났던 모든 선수가 다 그랬습니다. 그리고 마침내 숨겨져 있던 자신만의 길을 찾아내는 데 성공했습니다. 여기 제가 책을 쓴 마지막 이유가 있습니다.

당신도 마찬가지입니다. 당신 안에는 고통에서 벗어날 수 있는 방법이 준비돼 있습니다. 아직 그걸 찾지 못했을 뿐이지요. 지금까지 무수히 많은 선수들을 만났지만, 여전히 만나야 하는 선수들이 많습니다. 또 스포츠심리상담이라는 것이 운동선수들을 넘어서 각자의 자리에서 열심히 노력하는, 우리 모두의 삶에도 얼마든지 적용해 볼 수 있다는 사실을 널리 알리고 싶었습니다. 운동선수가 아닌 분들도 그들의 사례를 보며 나에게 필요한 것들을 발췌해 얼마든지 활용할 수 있습니다.

저는 매일 다음 같은 마음으로 최고의 선수들과 상담을 진행합니다.

하나. 지금 내가 마주하고 있는 선수를 외롭게 만들지 않겠습니다.
둘. 나의 선수가 홀로 고난과 역경에 맞서지 않게 하겠습니다.
셋. 그들이 내가 했던 실수를 하지 않도록 최선을 다해 돕겠습니다.

이 책도 위와 같은 다짐을 마음에 심으며 써 내려갔습니다. 이 책이 당신을 당신만의 성공으로 이끄는 데 조금이라도 도움이 되기를 바랍니다. 이미 당신은 알고 있어요. 그저 이 책을 통해 당신의 숨겨진 길을 발견하는 것뿐입니다.

이 책은 실제 운동선수의 운동 사이클cycle을 바탕으로 구성했습니다만 책을 쓰다 보니 운동 사이클과 인생 사이클이 굉장히 닮아있다는 생각을 했습니다. 그렇지요. 스포츠라는 것은 원래 한 사람의 인생을 압축한 것과 다를 바 없습니다. 시작하고, 행동하고, 실패하고, 도약하고, 또 다시 시작하는 것. 이러한 반복이 끝없이 이어지는 것. 그것이 스포츠고, 그것이 인생 아닐까요?

1장은 꿈을 향해 달리기 전, 시작하기에 앞서 반드시 해야 할 일을 담았고, 2장은 불완전함과 두려움을 이겨내며 성장하는 법에 대한 이야기를 담았으며, 3장은 실패를 건강하게 다룰 수 있는 방법을, 4장은 실패 이후 도약을 위해 장착해야 하는 사고방식을, 마지막으로 5장은 '나'라는 무기를 잘 갈고닦은 후 다시 한번 시작할 수 있는 용기를 가지는 법을 담았습니다.

또 제가 상담하는 운동선수들이 직접 작성하는 '실전 멘탈 강화 워크지'도 함께 담았습니다. 운동선수가 아닌 분들도 자유롭게 활용할 수 있도록 다시 한번 재구성하였습니다. 워크지는 나만의 성공을 찾는 데 유용한 가이드를 제공할 것입니다.

'소울메이트soulmate'라는 유명한 단어가 있습니다. 저는 이 단어를 참 좋아합니다. 한국말로 영혼의 짝이라고 하지요. 저는 내담자와 상담사는 영혼의 짝이 아닐까 종종 생각합니다만 소울 메이트라는 어감이 연인, 친구의 뉘앙스가 더 강하다는 느낌을 받았습니다. 그래서 저는 저만의 말을 만들었습니다. '마인드 메이트mind mate', 내담자의 마음을 지켜주는 마음의 짝이라는 뜻입니다. 앞서 말했듯이 모든 건 마음에서 시작합니다. 저는 그 시작점에 같이 서서 시작과 끝을 함께하고, 또 다시 시작하고 싶습니다. 이 책을 선택한 당신도 저의 소중한 내담자라고 생각합니다. 만나서 정말 반갑습니다.

마지막으로 언제나 건강한 영감을 주는 페이커 선수 흔쾌히 추천사를 보내 주심에 고맙습니다. 이름을 밝힐 수 없지만 소중한 나의 내담자, 선수들 오늘도 깊이 응원합니다. 스포츠심리상담사의 꿈을 꾸게 해주신 멘토 정지혜 교수님, 존경하는 류호상 교수님, 김병준 교수님, 허정훈 교수님, 권성호 교수님, 이천표 교수님, 남기희 교수님 감사드립니다. 상담사로서, 상담소를 운영하는 대표로서, 또 학자로서 외롭지 않게 동행해 주며 많은 도움을 주셨던 박사님들과 선생님들, 그리고 인생의 벗인 친구들에게도 감사의 인사를 전합니다. 또 이 책을 세상과 만나게 기회를 주신 쌤앤파커스 출판사와 끊임없이 소통하며 집필에 몰입하게 이끌어 주신 편집자님, 큰 힘이 되었습니다. 고맙습니다.

인생의 고비를 만날 때마다 너는 할 수 있다며 용기를 준 형제들과 조카들, 항상 다정히 반겨 주시는 아버님, 그리고 하늘에 계신 어머님 감사합니다. 선수들에게 집중할 수 있게 언제나 배려해 주는 나의 비타민 아들 이찬율 군과 남편 이재범 씨 사랑합니다.

사랑하는 나의 아빠, 엄마. 앞으로도 지금처럼 살겠습니다.
나의 선수 앞에서 최선을 다하겠다는 뜻입니다.

당신의 마인드 메이트

김미선 드림

"순간의 좌절은 실패가 아니라

성공을 위한 과정의 일부라고 생각해요"

− 프로게이머 페이커

1장

시작하는 마음

결국 성공하는

사람들의 멘탈

: 위너 마인드셋

사람마다 성공의 기준은 다릅니다. 그렇다면 '성공'이란 무엇일까요? 우선 표준국어대사전에 등록돼 있는 성공의 정의는 이렇습니다.

성공成功: 목적하는 바를 이룸

그렇다면 '목적'은 무엇일까요?

목적目的: 실현하려고 하는 일이나 나아가는 방향

다시 말해서 성공이란 실현하려고 하는 일을 실현하고 나아가야 하는 방향으로 나아간다는 걸 의미합니다. 지금 당신은 무엇을 실현하고 어디로 나아가고 싶은가요? 당신이 이루고 싶은 목적은 무엇인가요? 흔히들 성공이라고 말하면 금전적인 부분과 연결 지어 이야기하는 경우가 많죠. 맞습니다. 그게 전부가 아니라고들 하지만 돈만큼 명쾌하고, 즉각적인 보상을 주는 건 없지요. 눈에 보이고 손에 잡히니까요. 불확실한 세상에서 확실한 존재만큼 나를 편안하게 만드는 건 없습니다.

그럼에도 불구하고 보이는 게 전부가 아니라고 믿는 사람들이 있습니다. 불확실함 속에 과감히 뛰어들어 자기만의 꿈을 찾는 선수들이 있습니다. 제가 만나는 운동선수들이 그렇습니다. 불확실함 속에서 나만의 확실함을 찾아내는 사람들이죠. 사실 가만히 생각해 보면 우리도 잘 알고 있습니다. 돈이 전부가 아니라는 걸요. 그보다 더한 가치가 있다는 걸 스스로가 더 잘 알고 있습니다.

조금은 불편한 이야기를 해볼까요. 당신이 정의한 성공, 당신이 설정한 목표에 도달하기까지 무수히 많은 고통이 당신을 기다릴 거예요. '이렇게 힘들어도 되는 건가?' 싶을 거예요. 그리고 쉽게 이룰 수 없으리라는 것도 알아야 합니다. 그렇다고 해서 이루지 못할 거라는 힘 빠지는 이야기를 하는 것도 아니에요. 저는 냉정한 현실을 이야기하는 겁니다. 결과물이 주는 단물만을 생각하기보다 그 뒤를 지키고 있는 힘든 시간도 함께 생각해야 한다는 거지요. 이것이 제가 생각하는 성공의 정체이자 본질입니다. 제가 지금까지 만나온 운동선수들의 이야기 하나하나에는 이러한 본질이 담겨 있습니다.

철저한 계획, 끊임없는 도전. 선수들이 이루어 낸 위대한 업적 뒤에는 지루하고, 괴로운 인내의 시간이 자리하고 있습니다. 대한민국 사람이라면 누구나 아는 축구선수 손흥민, 배구선수 김연경, 프로게이머 페이커⋯⋯. 훌륭한 선수들도 다르지 않습니다. 우리는 그들의 성공보다 그 뒤에 있는 노력의 힘을 먼저 알아야 합니다. 그걸 알고 시작한다면 당신이 정의한 성공에 더 빠르게 도달할 수 있을 거예요. 결과보다 노력의 중요성, 과정의 중요성을 당신이 잘 알고 있기 때문입니다.

타고난 사람들만 할 수 있다는 오해

사실 많은 사람들이 오해하고 있는 게 하나 있습니다. 운동은 타고난 사람들만 잘할 수 있는 것이라고요. 물론 유전자의 덕을 보는 선수들이 있습니다. 어느 정도 맞는 말이기는 합니다만 저는 늘 이야기합니다. 훌륭한 운동선수가 되기까지는 타고난 재능보다 꾸준한 훈련과 개인의 노력이 훨씬 더 중요하다고 말입니다. 이 책에서도 이 이야기를 꽤 많이 할 예정입니다. 이것이 제가 본 명백한 진실이니까요.

스포츠계 거장들의 경기를 보면 이런 장면을 맞닥뜨리고는 합니다. 경기 종료까지 1분도 채 남지 않은 결정적인 순간, 긴장감으로 온몸이 터질 것만 같은 상태, 그 속에서도 평정심을 유지하며 힘들게 붙잡은 기회를 절대 놓치지 않으려는 자세, 흔들리지 않는 마음, 그리고 마침내 얻어내는 승리.

이 모든 게 꾸준한 연습을 통해 만들어진 거라면, 당신도 충분히 할 수 있는 일이라면 어떻게 하시겠습니까? 모든 건 연습입니다. 당신도 할 수 있는 일이에요. 저는 미약한 선수들이 누구보다 강인한 선수로 성장하는 걸 수도 없이 지켜봤습니다. 그렇기에 당당히 말할 수 있습니다.

당신도, 당신이 원하는 일을 이뤄낼 수 있습니다.
당신도, 당신이 원하는 삶을 살 수 있습니다.

운동선수의 하루는 단순합니다. 자고, 씻고, 운동하고, 먹고, 또 자고, 씻고, 운동하고, 먹고……. 매일 반복되는 단순한 하루하루는 오직 경기 하나만을 위해 움직입니다. 삶의 모든 기준이 경기가 되죠. 아마 당신이 직장인이거나, 학생이거나, 여타 다른 직업에 종사하는 사람이라면 그들의 일상이 100% 공감이 되지는 않을 거예요. 그렇지만 이 책을 선택한 당신과 선수들에게는 공통 목표가 있습니다.

건강한 마인드-멘탈을 장착하여 내가 원하는 삶을 사는 것

자기 자신을 믿고, 성과를 내는 우수 선수들이 일과 삶 앞에서 장착한 마인드-멘탈은 직업, 성별 등을 막론하고 누구나 따라 배우기 좋은 태도입니다. 결국 본질은 통하기 때문입니다. 가장 중요한 사실은 운동선수의 건강한 마인드-멘탈은 타고나는 게 아니라 만들어진다는 점입니다. 이 사실을 알아야 우리는 다음 단계로 나아갈 수 있습니다.

위너 마인드셋: 마지막에 역전하는 사람의 특징

이제 마인드셋에 대해서 이야기할 차례입니다. 마인드셋은 쉽게 말해 마음가짐, 사고방식입니다. 내 마음 안에서 자라난 것들이지요. 이 마인드셋은 단단한 멘탈을 만드는 데 크게 기여합니

다. 그렇다면 운동선수의 마인드셋은 우리와 무엇이 다를까요? 저는 운동선수의 긍정적인 마인드와 강력한 멘탈을 '위너winner 마인드셋'이라고 부릅니다.

나의 행동 하나로 결판이 나기 직전의 순간, 그 찰나에 하는 긍정의 사고방식이 위너 마인드셋입니다. 축구로 치면 연장전 끝에 하는 승부차기, 그 상황에 놓인 마지막 키커. 야구로 치면 9회 말 2아웃, 그 상황에 놓인 마지막 타자 혹은 투수. 단 몇 초 후면 결론이 나고야 마는, 정말이지 결정적인 순간이라고 말할 수 있겠지요. 이러한 순간에 아주 자연스럽게 긍정적인 사고방식을 하게 되는 것. 그것이 바로 위너 마인드셋입니다.

'9회 말 2아웃, 아직 끝난 건 아무것도 없다.'
'평소에 연습하던 대로 볼을 차면, 이 승부차기에서 영웅이 될 것이다.'

많은 운동선수들이 이 순간에 위너 마인드셋을 발휘하기 위해서 굉장한 노력을 기울입니다. 몇 년씩 준비한 경기라고 해도 실전에 돌입하면 경기는 정말 빠르게 끝이 납니다. 바로 결과가 나오죠. 10초, 20초 만에 원하는 결과를 내고 목표를 이루는 선수들도 있어요. 여기에서 주목해야 하는 건 순간의 집중력입니다. 이때의 에너지가 긍정적이냐, 부정적이냐에 따라 결과가 갈립니다. 결정적인 순간에 '나는 할 수 있다'라고 생각하는 선수가 있고, '실수하면 어쩌지?'라고 생각하는 선수가 있는데 긍정적이든 부정적이든 어떤 생각이 듦과 동시에 경기는 끝나버립니다. 결과가 정해지죠.

위너 마인드셋은 단순히 긍정적인 생각을 하는 게 전부가 아닙니다. 모든 게 얼기설기 얽혀 있어야 하지요.

첫 번째, 긍정적인 자기대화를 시도해야 합니다. '나는 할 수 있다', '이보다 더 잘할 수는 없다', '반드시 승리하리라는 좋은 느낌이 든다'와 같은 암시는 평소에도 꾸준히 해주는 게 좋습니다.

두 번째, 긍정적인 모션motion을 취해야 합니다. 특정 모션을 미리 몇 가지 정하고, 내 안에 자리하고 있는 좋은 에너지를 불러오고 싶을 때마다 취해 주면 좋습니다. '왼손을 하늘 위로 쭉 뻗기', '무릎을 굽히고 자세를 낮추기'와 같은 게 있겠지요. 말과 행동의 결합. 이것이 긍정적인 마인드셋, 위너 마인드셋을 만드는 데 크게 기여합니다.

그렇다면 부정적인 마인드셋, 즉 루저loser 마인드셋은 무엇일까요? 어떤 사람이 500명 앞에서 발표해야 할 일이 있다고 해봅시다. 500명 앞이라니 무시무시한 숫자죠. 그 숫자에 압도당할 확률이 꽤 높을 겁니다. '이거 정말 중요한 건데, 망하면 안 되는데, 떨리는데……' 이런 생각이 본능적으로 든다면 루저 마인드셋이 찰나의 순간에 발동된 것입니다.

찰나의 순간에 발동되는 생각, 그것이 바로 마인드셋입니다. 이런 생각이 든다면 바로 입 밖으로 뱉어 버리세요.

'오직 내가 발표할 이 내용에만 집중한다.'
'나는 내가 준비한 걸 한다.'
'나는 이 도전을 극복할 능력이 있다.'

이렇게 말하는 것만으로도 위너 마인드셋을 장착하는 데 큰 도움이 됩니다. 말은 생각보다 더 큰 힘이 있습니다. 긍정적인 언어의 서포트를 받아서 당신이 원하는 길로 나아가세요.

노력을 넘어서는 노력이 있다는 것
: 프로게이머 페이커

2018년, 한 통의 전화가 제 삶에 새로운 이야기를 가지고 왔습니다.

"다음에 더 잘할 수 있을지 확신이 없어서……."

상담을 진행하게 된 선수는 e스포츠에서 활발한 활약을 펼치고 있는 리그오브레전드 프로게이머, TI의 페이커 선수였습니다.

사실 저는 e스포츠에 대한 지식이 전혀 없었습니다. 그래서 제 눈앞에 있는 그가 얼마나 대단한 사람인지 몰랐습니다. 한편으로는 몰라도 괜찮다고 생각했습니다. 모르는 분야는 공부하면 되고, 저에게 있어 선수의 이력은 크게 중요하지 않으니까요. 그저 상담사로서 마음을 다해야 하는 내담자일 뿐, 그가 가지고 있는 내면의 이야기가 저에게는 훨씬 더 중요했습니다.

2018년은 페이커 선수에게 참으로 어려운 해였습니다. 예상치 못한 패배의 연속으로 그가 느끼는 심리적 압박감은 상당했죠. 에이징커브Aging Curve라는 둥, 은퇴하라는 둥 그를 둘러싼 이야기가 너무나도 많았습니다. 다만 그는 주변의 이야기에는 관심이 없었습니다. 그저 부지런히 자기가 가야 할 길을 찾는 데 집중하고 있었습니다. 직관이라거나 느낌이라거나 하는 말은 위험합니다만, 저는 페이커 선수를 마주하자마자 직감할 수 있었습니다. 그가 반드시 길을 찾아내리라는 걸요. 제가 상담사로서 해야 할 일은 페이커 선수에게 확신을 주는 일이었습니다. 아직은 깜깜해서 길이 안 보일 뿐 분명히 당신만의 길이 있다고 확신을 주는 일이 저의 역할이었지요.

상담사 이번에는 스트레스가 조금 깊은가요?

페이커 선수 ……네.

상담사 이유는요?

페이커 선수 음…… 다음에 더 잘할 수 있을지 확신이 없어서…….

페이커 선수는 혼신의 힘을 다해 준비한 경기에서 원하는 결과를 얻지 못할 수 있다는 걸 직면했고, 결과가 주는 당혹스러움으로 혼란에 빠져 있었습니다. 그처럼 오랜 시간 동안 놀라운 성과를 꾸준하게 거둬 온 선수들은 예상치 못한 패배를 마주했을 때 지금 나에게 닥쳐온 어찌할 수 없는 기분을 소화하기 버거워합니다. 그렇게 패배의 기억은 내 안에 각인이 되고, 자기의심으로 이어지게 됩니다. 페이커 선수도 이러한 상황에 놓여 있었습니다.

그러나 그는 주저앉아만 있지 않았습니다. 어떻게 해야 올바른 방향을 설정해서 나아갈 수 있을지, 또 어떻게 해야 현명한 선택을 해서 내가 원하는 기준치에 도달할 수 있을지를 끊임없이 고민했습니다.

상담사 페이커 선수는 본인의 감정을 들여다본 적이 있나요?

일단 혼란스러운 상황에서 우리에게 필요한 건 지금의 감정과 생각을 털어놓는 일입니다. 단순히 이야기하는 것만으로도 지금 내가 어떤 상태, 상황에 놓여 있는지 객관적으로 판단하고 정리할 수 있죠. 지금 내 마음을 돌아보고, 정리를 한번 하고, 스스로를 다독여야 문제점과 해결책도 빠르게 찾을 수 있습니다.

상담사 내가 나에 대해서 느끼는 감정이 가장 중요하거든요. 내가 나를 위로하지 않고, 인정하지 않고, 계속 경계하고, 끊임없이 움직였기 때문에 탈진한 거예요.

페이커 선수 …….

상담사 분명히 열심히 했고, 최선을 다했잖아요. 그런데 결과는 좋을 수도 있고, 안 좋을 수도 있어요. 왜 그럴까요?

페이커 선수 남들도 다 하기 때문에…….

상담사 네, 우리가 있는 세계가 경쟁 세계이기 때문에 그래요.

스트레스, 스스로에 대한 엄격한 평가, 두려움, 부정적인 생각, 기억에 남는 순간……. 3시간이 넘는 시간 동안 저는 페이커 선수와 대화를 주고받으며 그가 스스로를 돌아볼 수 있도록 이끌었습니다. 그때였어요. 나의 마음이, 감정이 왜 이렇게 되었는지 한참을 추적하는 데 순간, 그가 눈물을 터뜨렸습니다. 그는 소리도 내지 않고 고요하게 한참을 울었습니다. 저는 그의 우는 모습을 보면서 다행이라고 생각했어요. 우는 건 부끄러운 일이 아닙니다. 압박과 스트레스를 해소하는 데 도움을 주거든요. 왜 울면 안 되나요? 저는 울어야 할 때 시원하게 우는 사람이야말로 강한 사람이라고 생각합니다. 엉엉 울고, 털어내고 다시 출발하면 됩니다. 페이커 선수는 실시간으로 강해지고 있었습니다.

그는 과거의 나와 현재의 내가 달라진 것을 느끼면서 그동안 감추고, 밀어냈던 감정이 나타났다고 말했습니다. 이러한 과정을 통해서 그가 경기에 대한 열정과 팀에 대한 애정, 자신감을 되찾고 싶은 강한 의지가 있다는 걸 스스로 확인할 수 있었습니다. 그 사실을 확인했다는 것만으로도 많은 갈증이 해소가 되었지요.

머지않아 그는 새로운 방법을 찾아 나아갈 준비를 마쳤습니다. 그리고 묵묵히 해야 할 일을 했죠. 그리고 2019년, 챔피언 트로피를 찾아왔습니다.

페이커 선수는 최고가 되어야 한다는 생각과 행동이 완벽히 일치하는 사람입니다. 그가 정한 목표는 단순히 우승보다 훨씬 높기에, 그 목표를 이루기 위해서는 어떤 것도 분간하지 않고 최선의 노력을 하는 선수예요.

예를 들어 Z라는 선수의 강점과 약점을 이야기할 때, 저는 지금까지 항상 약점을 보완하는 데 시간을 투자하기보다 강점을 강화하는 데 시간을 들이는 걸 선택하라고 권합니다. 왜냐하면 약점을 보완하는 데 투자하는 건 고통이에요. Z 선수가 허리가 약하다고 해서 허리를 보완하기 위해 허리 운동만 집중적으로 하기보다는 다른 운동을 통해서 본인의 강점을 더 키우는 편이 훨씬 좋습니다. 약점을 보완하는 데는 에너지가 10배는 더 들어가기 때문입니다.

반면에 페이커 선수는 이를 구분하지 않는 선수였어요. 강점을 키우는 건 물론이고, 약점을 보완하는 데도 맹렬하게 집중합니다. 에너지와 시간이 얼마나 들어가느냐는 그에게 따져야 할 것도 아니고, 그냥 무조건 해내야만 하는 일이었던 거예요. 해야 할 일을 넘어서, 할 수 있는 일을 넘어서, '이것까지 될까?'라는 일까지 해내고야 마는 것. 이것이 바로 '페이커식 노력'이라고 생각합니다.

사실 노력은 누구나 합니다. 그러나 대부분은 할 수 있는 만큼의 노력을 해요. 이게 나쁘다는 게 아닙니다. 또 이 정도의 노력으로도 우리는 웬만큼 잘 살 수 있어요. 그렇게 살아도 괜찮습니다. 적당한 노력이 필요한 사람이 세상에 분명히 있어요. 그러나 페이커 선수는 여러 차례 이야기했습니다. 우승을 넘어서는 자신만의 목표가 있다고 말이죠. 당신에게도 당신만의 목표가 있다면, 그걸 이루고 싶다면 나의 진짜 문제점을 마주하고, 나의 한계에 도전하고 있는지 끊임없이 자문해 봐야 합니다.

이러한 맥락에서 페이커 선수에게는 에이징커브처럼 한계를 규정하는 외부의 논란은 아무 의미가 없습니다. 페이커 선수의 목표는 '나'라는 사람 안에서 출발한 목표예요. 누가 누구를 행복하게 만들기 위해서, 타인을 위해서 시작한 목표가 아니라는 거죠. 자기 자신을 위한 목표이기에 그는 지금처럼 페이커만의 노력으로 경기에 임할 것이고, 원하는 목표를 이룰 것입니다.

◆ 페이커 선수의 문제해결법 ◆

1. 문제점을 찾는다.
2. 문제점에 대한 해결책을 찾는다.
3. 해결책을 찾았으면 오직 그것만 보고 달려간다.

사실 페이커 선수의 문제해결법은 누구나 다 아는 겁니다. 핵심은 아는 것에서 끝나느냐, 행동하느냐의 차이지요. 지금까지 많은 이야기를 했지만 요점은 정말 단순합니다. 문제점을 찾고, 해결책을 찾고, 오직 그것만 보고 나아가는 것. 그런데 삶을 이루는 대부분의 것들이 다 그래요. 운동선수들의 경기를 보면 알 수 있습니다. 가장 단순하게, 가장 기본에, 가장 기초적인 것에 집중할 때 최상의 결과가 나옵니다. 금메달을 따거나 우승을 거둔 선수들에게 이번 경기 어땠느냐고 물어보면 백이면 백 같은 대답을 합니다.

"그냥 단순했어요. 문제점을 찾고, 해결책을 찾고, 그 다음에는 제가 해야 할 일만 생각했습니다."

복잡하면 안 됩니다. 인생도 그렇고, 단순하게 생각하는 게 최고예요. 복잡하게 생각할수록 흐트러집니다. '그냥 이렇게 해야지' 하고 끝내 버려야 합니다. '이렇게 했는데, 안 되면 어떡하지?'라고 흘러갈 필요가 없습니다. 생각보다 성공은 단순해요. 복잡하지 않습니다. 그러니까 당신도 할 수 있다는 거예요.

페이커 선수와의 상담은 상담사인 저에게도 좋은 영향을 주었습니다. 저도 제가 하는 일 앞에서 어떤 노력을 하는지 돌아보게 되었지요. 페이커 선수도 이후 몇몇 인터뷰에서 저에 대한 언급을 해주었어요. 스포츠심리상담에 긍정적인 영향을 받았다는 이야기였죠. 저와의 기억이 나쁘지만은 않았던 것 같아 그저 감사한 마음뿐입니다. 앞에서도 말했지만 제가 한 일은 그저 확신을 주는 것, 길이 있다는 걸 알려 주는 것 말고는 없었습니다.

2018년은 선수에게 힘겨운 해였습니다. 패배의 순간이 연속해서 찾아왔고, 그를 중심으로 너무 많은 이야기가 쉼 없이 오갔습니다. 그러나 그는 다시 나아갈 준비를 마쳤고, 마침내 원하는 목표를 이루었습니다. 좌절했지만 다시 일어섰습니다. 이후에도 치열한 노력으로 본인만의 성장을 마주한 그는 〈2023 항저우 아시안게임〉에서 금메달을 목에 걸었고, 또 7년 만에 〈2023 리그오브레전드 월드 챔피언십〉에서 우승을 거두었지요. 우승 기자회견에서 페이커 선수가 한 말을 전하며 페이커 선수의 이야기는 마치겠습니다.

"승패를 신경 쓰지 않고, 과정에 집중하는 걸 목표로 삼았을 때 굉장히 많은 것들을 배울 수 있었습니다. 이렇게 계속 경기할 수 있다는 것 자체가 감사하게 느껴집니다."

이 순간을 이겨내면
나는 성장한다

나의 내면을 들여다보며 진정으로 원하는 것이 무엇인지 탐색하는 일은 중요합니다. 여기서 핵심은 주변 사람들의 의견을 듣는 것이 아니라 나의 속마음에 귀를 기울이는 것이에요. 일상이 주는 소란에서 벗어나 조용히 시간을 내어 자신과의 대화를 통해 내 안의 본질적인 욕망을 찾아내는 과정이 필요합니다. 무엇을 해야 할지 모르겠나요? 이게 나의 길이 맞는지 헷갈리나요? 그렇다면 처음으로 돌아가세요. 나를 돌아보기 좋은 시간이 찾아온 거니까요.

먼저 당신의 꿈을 떠올려 보세요. 처음 당신이 그 꿈을 꾸기 시작했을 때, 그 꿈을 이루기 위해 첫걸음을 내디뎠을 때 당신의 마음은 어땠나요? 아마도 설렜을 거예요. 재미있었을 거고, 행복했을 거고, 온 마음은 긍정적인 기운으로 가득 차 있었을 거예요. 시작에는 이러한 힘이 있거든요.

다음으로 첫 번째 좌절을 맞이했을 때 당신은 어땠나요? 아마도 많이 힘들었을 거예요. 제가 당신의 마음을 다 짐작할 수는 없겠지요. 하지만 얼마나 힘들었을지, 느낄 수 있습니다. 저역시도 수없이 많은 좌절을 만나 본 사람이라서요. 당신에게 지금까지 버텨 줘서 고맙다고 전하고 싶습니다. 이후에 당신은 어떻게 했나요? 첫 번째 좌절, 당신은 극복하지 않았나요? 좌절을 극복하고 났을 때 성취감을 느끼지 않았나요? '이렇게 하면 되겠구나', '뭐든지 할 수 있겠구나'라는 자신감이 들어차지 않았나요? 그 기분을 떠올리세요.

당신에게는 눈부신 열정이 있어요. 그런데 꿈과 목표로 가는 과정 중 무수히 많은 좌절, 시련, 고통이 여러 차례 반복되면서 잠시 가려진 것뿐이에요. '해봤자 안 될 텐데', '내가 그럼 그렇지' ……. 부정적인 기억, 부정적인 생각으로 자꾸만 돌아가지는 않나요? 당연한 결과입니다. 부정적인 것에만 집중하다 보면 결국 부정적인 곳으로 흘러가게 됩니다.

처음으로 돌아가세요. 처음 그때 당신의 눈부심을 떠올리세요. 그것만 떠올리면 됩니다.

✦ 잃어버린 열정을 되찾는 질문 3가지 ✦

1. 내가 처음, 끌림을 느꼈던 곳은 어디인가?

2. 내가 삶에서 가장 중요하게 생각하는 가치는 무엇인가?

3. 나는 어떨 때 행복한가?

이제 다시 스스로에게 질문하세요. 답을 찾는 데까지는 시간이 꽤 오래 걸릴지도 모릅니다. 하지만 자문자답을 통해 열정을 되찾는다면 인생을 살아가다가 만나는 선택의 순간, 결정을 내리기가 굉장히 쉬워집니다. 앞서 이야기한 3가지 질문에 대한 답을 기준으로 판단을 할 수 있기 때문이지요. 그렇게 삶의 철학이 구축되고, 삶의 철학은 나를 지키는 단단한 무기가 됩니다.

여기, 나를 지키는 단단한 무기가 무엇인지 아주 잘 아는 선수가 있습니다. 그의 이야기를 들으면 눈부신 열정이라는 게 무엇인지, 열정을 기반으로 하는 성장이라는 게 얼마나 아름다운지 알 수 있습니다.

마음이 편해지는 가장 쉬운 방법

: 국가대표 탁구선수 A

경기 하나가 끝나면 선수들은 보통 숙소나 집으로 돌아가 휴식을 취합니다. 하지만 이 선수는 달랐어요. 뜨거운 여름에 치러진 경기, 그날의 경기에서 승리를 거뒀음에도 불구하고 그는 일정이 끝나기가 무섭게 개인 훈련에 임했습니다. 국가대표 탁구선수이자 국내 및 세계대회를 휩쓸고 다니는 A 선수입니다.

A 선수를 처음 만난 건 구단 측을 통한 단체 상담 때였지만 진정한 만남을 가지기 시작한 건 어느 편의점 벤치에서였어요. 그날은 A 선수가 속해 있는 구단의 선수들을 상담하러 간 날이었고, 상담 장소가 마땅치 않아서 꽤 고생했었지요. 기다리고 있던 A 선수는 따뜻한 미소로 저를 반겨 주었고, 미리 준비해 둔 음료수도 저에게 주었습니다.

우리는 자리에 앉아 사소한 이야기부터 시작해 이런저런 이야기를 나누기 시작했습니다. 그런데 조금 이상한 겁니다. 경기는 분명 오늘 오전에 끝이 났고, 경기에서도 이겼다고 들었는데 해가 질 무렵에 만난 A 선수의 온몸은 흠뻑 젖어 있었습니다. 마치 방금 경기를 마치고 나온 사람처럼요.

상담사 A 선수, 오늘 오전에 경기가 끝나지 않았나요? 그런데 땀이……

A 선수 아, 연습하고 왔습니다.

상담사 그렇군요. 훈련을 계속하는 이유가 있어요?

A 선수 음……. 경기를 하면서 부족한 점이 눈에 띄었던 것 같아요. 그 부분들을 그냥 넘기고 싶진 않았고, 훈련장으로 돌아가서 바로 고치고 싶었나 봐요. 할 수 있을 것 같았거든요. 그냥 쉬는 건 마음이 편하지 않으니까요. 그래서 훈련으로 해소하고 싶었어요.

A 선수는 마음이 편해지는 법을 일찍이 터득한 선수입니다. 마음이 불편하다면 나의 마음을 불편하게 하는 문제점이 뭔지 인지하고, 그 원인을 찾아서 해결하면 돼요. A 선수는 그걸 할 줄 아는 사람이었습니다. 우승이라거나 금메달이라거나 눈에 보이는 성과만을 위해서가 아닙니다. 단순하지요. 불편함을 마주하는 게 마음이 편해지는 가장 빠른 길이기 때문입니다. 운동선수에게 휴식 시간은 반드시 가져야 할 중요한 시간입니다. 그렇지만 그가 휴식의 중요성을 모를 리가 없기에 저는 그저 격려와 응원을 보냈습니다.

스스로가 부족하다는 걸 알아도 행동으로 실천하는 사람은 많지 않습니다. 귀찮고, 성가시다는 이유로 그냥 부족한 상태로 있기를 선택하죠. 말이 행동으로 변한다는 건 아주 대단한 일입니다. 마음이 편해지는 가장 빠른 길은 그 즉시 행동하는 것. 나의 부족함을 알아차린다는 건 나의 한계를 인식했다는 겁니다. 그리고 이를 극복하기 위해 노력하는 건 나의 한계와 마주한다는 것이고, 한계를 넘어설 준비가 되어 있다는 뜻이기도 합니다.

상담사로서 한 가지 확실하게 말할 수 있는 건 이런 유형의 사람들은 반드시 성장한다는 거예요. 우리는 종종 편한 길을 선택하려고 합니다. 때로는 불편함을 직시하고, 이를 극복할 줄 알아야 해요. 이 역시 반복적인 연습을 통해서 충분히 해낼 수 있습니다.

최고의 선수들은 재능만을 믿고 성공을 꿈꾸지 않습니다. 그들의 인생에 대충은 없습니다. 자신이 원하는 것을 얻기 위해 최선을 다하며 오늘 하루 끝내야만 하는 루틴을 가지고 있습니다. 우수 선수들은 눈에 띄는 성과만을 추구하는 것이 아니라 자기 자신과의 싸움에서 얻는 성장을 소중히 여깁니다. 부족한 점을 발견하면 자기개발의 기회로 여기고, 어려운 순간을 마주할 때마다 이 순간을 어떻게든 해결해 더 나은 자신을 만들기 위해 노력합니다.

A 선수의 이야기는 스포츠 세계에서만 유효한 가치가 아님

니다. 자신의 삶에서 중요한 목표를 성취하기 위해 노력하는 모든 이들이 추구할 만한 자세예요. 학업에 임하는 학생들이라면 시험 준비에 매진하는 동안 만난 어려움을 피하거나 무시하기보다는 이를 직시하고 문제를 해결하기 위해 노력해야 합니다. 이러한 과정에서 자신의 한계를 느낄 수도 있지만, 그 한계를 인식하고 도전하는 것이 결국 성장의 원동력이 됩니다. 매일매일 쳐내야 할 업무에 시달리는 직장인들도 마찬가지입니다. 업무를 하다가 생기는 어려움을 회피하지 말고 이를 직시하는 게 좋습니다. 빨리 털어내고 치워버릴 생각을 해야 해요.

불편함이 성장으로 이어진다는 걸 기억하세요. 성장을 원한다면 편안함보다 불편함을 선택하세요. 불편함, 불안으로 성장하세요. 더 나은 내가 되었다는 걸 누구도 아닌 내가 제일 먼저 알게 될 겁니다. 타인은 속일 수 있어도 나 자신은 절대 속일 수 없으니까요.

불안을 다룰 줄 아는 사람만이 성장할 수 있다

의연한 얼굴로 한계에 도전하는 우수 선수들에게는 특별한 능력이 있습니다. 바로 극한의 상황에서 더욱 강해진다는 겁니다.

마치 이 역경을 기다려 왔다는 듯이 말이죠. 부정적인 생각, 걱정으로 똘똘 뭉친 불안을 효과적으로 극복하며 강력한 정신력으로 오직 단 하나의 목표에만 집중합니다. 어쩌면 우리를 가장 힘들게 하는 존재는 '불안'일지도 모르죠.

도대체 우리는 왜 불안할까요? 당신 안에 있는 불안은 당신의 잘못이 아닙니다. 우리 안에 있는 어떤 기질은 유년 시절에서 시작된 게 상당히 많아요. 당신의 유년 시절을 떠올려 보세요. 우리는 지나치게 완벽을 요구하는 사회적 환경 속에서 성장했습니다. 좋아하는 일 앞에서도, 끝내야 하는 숙제 앞에서도, 나의 실력을 확인하는 시험 앞에서도 성공적으로 해내야 한다는 압박감과 분위기가 있죠. 좋지 않은 결과가 나올 수도 있는데도, 지금 내가 하는 일이 살아가면서 마주하게 될 수많은 것 중 하나임을 아는데도 이게 나의 전부인 것처럼 여기죠. 그러다 보면 '열심히 했는데 안 되면 어떡하지?', '결과가 안 좋으면 어떡하지?'처럼 부정적인 사고들을 키워가게 되고, 이러한 사고는 필연적으로 불안을 부르게 됩니다.

상담실 문을 두드리는 선수들을 보면 마음이 아플 때가 많습니다. 충분히 잘하고 있는데도 어느 선수는 2등을 했다고 절망하고, 어느 선수는 3등밖에 하지 못했다면서 이제는 끝이라며 고개를 숙입니다. 우리는 최선을 다했다는 걸 인정하고, 나를 칭찬하고, 지금의 결과를 받아들이며 이러한 결과를 바탕으로 다음에는 어떻게 하면 좋을지 고민하는 연습을 해야 합니다. 저는 당신이 영원히 좌절만 하다가, 두려워만 하다가, 그 무엇도 시작하지 못하고 패배감으로 주저앉기를 바라지 않습니다.

불안은 항상 부정적인 것에서 시작합니다. 하지만 불안의 기억은 긍정적으로도 바꿀 수 있어요. 불안을 통해서 성장하는 것이 바로 그의 예입니다. 앞서 말한 A 선수의 이야기처럼요.

스포츠는 강인한 정신력을 기반으로 한 탄탄한 신체의 결합체로 이루어진 특별한 세계입니다. 어떠한 상황에서도 타협하지 않는 태도, 역경을 나 자신을 강하게 만드는 기회로 만들어내고야 마는 건강한 집착. 그들은 어려움을 통해 성취와 승리의 기쁨을 온몸으로 느끼며, 자신의 한계를 뛰어넘는 쾌감을 만납니다.

한계를 뛰어넘기 전까지 당신은 어떤 것도 알 수 없습니다. 하지만 단순하게 생각하면 이건 한계를 뛰어넘으면 되는 일 아닐까요? 아직 오지 않은 미래를 생각하며 두려움에 떨 필요 없습니다. 때로는 단순하게 생각하는 게 좋습니다.

당신도 마찬가지입니다. 당신의 능력을 믿으세요. 꾸준한 노력으로 무슨 일이 있어도 나아가리라는 자세로 목표를 향해 나아가는 것은 당신도 할 수 있는 일입니다.

이상과 현실 사이에서 균형 잡기

나의 목표가 나의 가치와 어떻게 연결되는지 이해하는 일은 중요합니다. 자칫 하다가는 세상이 정한 가치와 기준에 끌려다닐 수 있기 때문입니다. 부자가 되는 것, 좋은 대학에 가는 것, 값비싼 아파트에 사는 것, 명품을 갖는 것…… 물론 이것들도 삶의 목표가 될 수 있겠지요. 그렇지만 여기에서 말하는 목표는 모두 타인의 기준이 강력하게 침입한 목표에 가깝습니다. 이것이 진정으로 내가 원하는 게 맞는지 확인해야 해요.

내가 정한 목표가 내가 중요하게 여기는 가치와 어떻게 맞물려 있는지를 꼭 살펴보세요. 예를 들어 '나와 내 가족, 친구, 동료, 사람들, 동물들이 행복하게 사는 것'이라는 삶의 가치관이 있는 분이라면 이 가치에 기반하여 목표를 설정할 수 있습니다. 사실 이건 모든 사람들이 꿈꾸는 삶이죠.

일단 누구의 행복도 아닌 나의 행복을 먼저 생각해야 합니다. 내가 행복하고, 내가 건강해야지 내 주변 사람들도 행복하고 건강하게 살아갈 수 있는 거예요. 사람의 감정은 참으로 신비하고 다채로워서 주변에 있는 사람들에게 빠르게 전이됩니다.

다만 행복을 위한답시고 돈이 목표가 되어서는 안 됩니다. 돈을 추구하는 삶은 추천하지 않습니다. 돈이라는 건 필연적으로 타인과의 비교를 낳을 수밖에 없어요. 바로 나의 일상과 의식주가 직결되기 때문이죠. 나와 타인을 끊임없이 비교하는 사람이 타인의 행복을 진심으로 바랄 수 있을까요?

하지만 돈이 아니라 시간을 목표로 삼는다면 어떨까요? 함께할 수 있는 시간이라는 게 있잖아요. 일주일에 한 번씩 다 같이 모여서 치킨을 먹는다거나 맥주 한잔을 하겠다는 목표. 3인 가족이면 치킨을 2마리는 시켜야겠죠. 그러면 못해도 5만 원은 있어야 할 거예요. 그러면 월요일부터 하루에 만 원씩 저금하겠다는 목표를 세우면 돼요. 금요일 밤에 다 같이 치킨을 먹는 거지요.

그 다음에 해야 할 일이 있습니다. 너무 많은 걸 기대하지 마세요. 일주일에 한 번, 내가 이 돈을 쓰는 목표에 가족들의 기대를 바라서는 안 돼요. 내가 힘들어지기 때문입니다. 내가 이렇게 해서 행복할 거라는 희망만 가지는 거예요. 아마 당신이 일주일에 한 번씩 가족을 위해 치킨을 사면 아마 얼마 가지 않아서 가족에게는 이 모든 것이 당연해질 거예요. 그러한 태도에 서운해질 수 있고요. 그런데 애초에 이걸 실행한 게 된 이유는 나의 행복을 위해서라는 걸 기억하세요. 이 행복이 누구를 위한 행복인지 생각하세요. 누구도 아닌 당신을 위한 것입니다. 기대보다 행복해질 수 있다는 희망을 가지세요. 당신에게 기회를 주세요.

　나의 가치와 목표가 맞물려 완벽한 조화를 이루면 내적 동기는 저절로 채워집니다. 그리고 이렇게 세운 목표는 이루면 됩니다. 그리고 이루기도 훨씬 쉬워요. 그게 바로 제가 생각하는 성공입니다. 세상은 성공을 거창하게만 이야기하지만, 성공은 그리 거창한 게 아닙니다. 너무 깊게 생각하지 마세요. 온전히 나만의 것을 쟁취하는 데 집중하세요. 이처럼 목표를 이루는 순간이 여러 차례 반복되면 자신감과 자존감은 저절로 채워질 수밖에 없습니다. 당신이, 당신의 힘으로 이룬 것이기 때문이에요.

더 나은 내가 되고 싶다
: 동기부여

무언가를 시작해야겠다고 결심할 때 우리 안에 자라나는 것이 있습니다. 바로 동기입니다. 우리의 모든 행동, 결심, 결정, 그리고 노력은 동기로 움직여요. 이는 우리가 세운 목표를 향해 나아갈 수 있는 원동력이 됩니다. 그렇기에 동기부여를 받는 일은 중요합니다.

그렇다면 어떻게 해야 동기부여를 잘 받을 수 있을까요? 동기부여가 저절로 되기를 바라기보다 동기부여를 받을 만한 상황을 자주 만드는 게 훨씬 좋습니다. 이러한 상황은 어떻게 만들어야 할까요?

명확한 목표는 가장 강력한 동기

동기와 목표는 긴밀하게 연결돼 있습니다. 내가 세운 목표가 의미 있다고 느껴질 때 우리는 동기부여를 받게 됩니다. 예를 들어 한 선수가 '이번 시즌에 개인 최고 기록을 갱신하겠다'라는 목표를 설정했다고 해봅시다. 경쟁자, 감독이나 부모님 등 주변 사람을 의식한 목표가 아니라 스스로에게 있어 간절하고, 중요한 목표라면 이미 목표를 세운 그 순간부터 동기부여가 되었을 겁니다. 목표를 이루기 위해 훈련과 경기에 더욱 집중하겠지요.

동기부여는 또 자기계발과 성취에 대한 강력한 욕구에서 비롯됩니다. 이 책을 읽는 분들이라면 아마도 이런 생각을 해보셨을 거예요. '더 성장하고 싶다', '더 나은 내가 되고 싶다'. 이 욕구 자체가 동기부여가 되기도 합니다. 피아니스트가 꿈인 사람이 있다고 가정해 볼까요. '매일 3시간씩 연습하기'를 목표로 삼았다고 해봅시다. 이 목표는 실력 향상, 즉 더 나은 연주자가 되고 싶다, 더 좋은 소리를 만들어 내고 싶다는 욕구에서 비롯된 것입니다. 이러한 욕구는 매일 피아노 앞으로 가서 연습하게 만드는 강력한 동기입니다.

또 새해가 되면 사람들이 가장 많이 세우는 목표가 있습니다. '운동하기'. 하지만 이 목표가 몸매 관리인지, 아니면 건강 관리인지에 따라 많은 게 달라집니다. 몸매 관리와 건강 관리에는 큰 차이가 있습니다. 전자는 타인의 시선이 중심이고 후자는 나의 가치가 중심입니다. 만일 후자를 목표로 삼았다면 당신은 더 많은 걸 바꿀 수 있습니다. 일상에서 하는 선택, 식습관, 수면습관 등등 그렇게 되면 몸매 관리는 굳이 하지 않더라도 자연스럽게 따라오겠지요. 목표를 설정할 때는 타인의 가치가 아니라 나의 가치를 기준 삼아서 설정하는 게 좋습니다. 그러면 자석처럼 더 많은 게 따라붙습니다.

내적 동기부여 VS. 외적 동기부여

동기부여는 크게 2가지로 나눌 수 있습니다. 하나는 내적 동기부여이고, 하나는 외적 동기부여입니다. 내적 동기부여는 내 안에서 일어나는 욕구와 열망에 기인하며, 내가 세운 목표가 나의 내적 욕구와 잘 들어맞을 때 발동됩니다. 쉽게 말하면 내적 동기는 사실 '재미'로 움직이는 게 큰 편이에요. 내가 어떠한 일을 할 때 그 일이 재미있어서 계속해서 하고 싶은 마음이 드는 것. 그게 가장 단순하지만 가장 큰 동기입니다. 그러다 보면 잘하고 싶고, 잘하고 싶어서 노력하다 보면 어느새 성장해 있는 나 자신을 발견하게 되지요.

이쯤에서 제 비밀을 하나 공개할까요? 사실 저는 지금 시니어모델을 준비하고 있습니다. 농구선수 출신인 저는 키가 꽤 큰 편입니다. 시니어모델로서 신체 조건도 나쁘지 않지요. 하지만 한편으로는 저도 두렵습니다. 시니어모델은 특성상 다양한 옷을 입습니다. 그중에는 간혹 노출이 있는 옷도 있지요. 아무도 저에게 이런 말을 하지 않았는데도, 시니어모델에 도전한 그 순간부터 머릿속에는 이런 말이 들립니다. '상담사가 저렇게 노출이 있는 옷을 입어도 돼?'라는 편견에 가득 찬 소리 말이지요.

하지만 지금까지 해오던 상담 일과는 전혀 다른 새로운 일에 도전한다는 기쁨, 지금까지 몸담고 있던 분야에서 벗어나 온전히 재미만을 느끼는 분야에 속해 있다는 쾌감이 그 두려움을 앞지릅니다. 그리고 저의 도전은 내담자에게 외적 동기를 선사하기도 해요.

"저에게도 어렵고, 도전하기 힘들었던 것들이 있어요. 저도 당신과 똑같은 두려움을 느낍니다. 당신만 그런 게 아니에요. 우리 같이 해볼까요? 할 수 있어요. 원래 시작은 어려운 거예요. 그런데 그냥 한번 확 저지르면 알아서 되는 것들이 있더군요. 당신에게도 그런 일이 있을 거예요."

이처럼 외적 동기부여에는 가족, 친구, 동료, 믿을 수 있는 지인들에게 얻는 사회적 지지가 있습니다. 목표를 향해 나아가는 과정에서, 주변 사람들에게서 얻는 지지는 상당히 큰 영향을 끼칩니다. 나의 목표를 공유하고, 목표달성에 대한 긍정적인 환경을 조성하는 데 도움을 주죠. '잘하고 있어', '지금처럼 하면 돼', '너는 목표가 있잖아, 대단한 거야!'. 조금씩 주춤할 때마다, 부정적인 생각이 들 때마다 주변 사람들의 응원과 지지를 듣는다면 사라진 동기는 언제 그랬냐는 듯 차오릅니다.

그렇지만 사회적 지지를 받을 수 있는 환경을 구축한다는 건 어려운 일이죠. 그럴 때는 나와 유사한 목표를 가진 동료나, 나와 비슷한 단계에 있는 지인을 찾아보세요. 제가 이제 막 시작하는 단계에 있는 선수들에게, 상담사인 나도 이제 시작하는 단계에 있다고 이야기하는 게 선수들에게 큰 힘이 되는 것처럼요. 당신도 큰 힘을 받을 수 있을 겁니다.

그렇게 나를 응원하는 마음으로, 동료를 응원하세요. 신기하게도 타인에게 보내는 긍정의 힘은 곧장 나에게로 돌아옵니다. 응원의 소리를 나도 듣고 있기 때문이지요.

동기를 유지하는 법 3가지

목표는 우리에게 방향을 제시하고, 동기는 그 방향으로 나아가는 데 필요한 힘을 제공합니다. 따라서 우리는 목표를 설정하고, 그 목표를 이루기 위한 동기부여가 어떻게 나에게 오는지 이해하고, 동기가 희미해지지 않도록 유지할 줄 알아야 합니다. 동기는 사그라들지 않게 잘 다루어야 합니다. 동기는 유지하기 참 어려운 존재입니다. 단순히 목표를 설정하는 것만으로는 채워지지 않죠. 지속적으로 땔감을 넣어줘야 해요.

이때 나의 목표를 점검하고, 관리하는 건 동기의 좋은 땔감이 됩니다. 앞서 말했듯이 동기와 목표는 긴밀하게 연결이 돼 있기 때문입니다. 자, 동기를 유지하는 효과적인 방법을 알아봅시다.

1) 목표가 변할 수 있다는 걸 인지하기

우리의 삶은 유동적입니다. 고정적이지 않고 변동가능성이 넘쳐나지요. 그렇기에 목표가 언제든지 바뀔 수 있다는 걸 인지하고는 있어야 합니다. 그래야 갑작스러운 변화에 잘 대처할 수 있기 때문입니다. 그렇기에 목표는 나의 현재 상황과 능력, 그리고 환경 변화에 유동적으로 변화할 수 있도록 설정해야 합니다.

예를 들어 한 축구선수가 있습니다. 목표설정 당시 그의 포지션은 공격수였지요. '매 경기마다 한 골씩 넣기'를 목표로 설정했다고 해볼까요? 이는 그의 역할과 기술에 부합하는 목표입니다. 하지만 그의 포지션이 모종의 이유로 골키퍼로 변동이 되었다면 그의 목표는 바뀌어야 합니다. 골키퍼는 골을 넣는 포지션이 아니라, 골을 막는 포지션이니까요. 고로 목표는 매 경기 무실점으로 방어하는 클린 시트Clean Sheet를 유지하는 것으로 변경해야 하겠지요.

2) 목표는 도전적으로 설정하기

목표를 세우면 우리는 자연스럽게 그 목표를 이루는 상상을 합니다. 목표를 달성하는 나의 모습을 상상하기만 해도 열정과 욕망이 차오르지요. 그래서 목표는 도전적으로 설정하는 게 좋습니다. 도전적인 목표란 내가 충분히 할 수 있을 것 같은 목표가 아니라, 내가 할 수 있을지 의심은 되지만 이루기만 한다면 세상을 날아갈 듯 성취감을 느낄 수 있는 것일수록 좋습니다.

목표를 세우면 시간이 얼마나 걸리든 자신이 정한 목표를 반드시 이루는 기계체조선수가 있습니다. 그의 주 종목은 도마입니다. 도마란 쉽게 말해 뛰어넘기입니다. 발구름을 한 다음에 뜀틀을 손으로 가볍게 짚으면서 '회전하기', '비틀기' 등의 동작을 수행하며 뛰어넘는 운동이지요. 이 종목은 흔들림 없는 착지가 핵심입니다. 이 체조선수는 '다음 대회에 나갔을 때, 어떤 기술을 수행하든 흔들림 없이 착지하기'를 목표로 삼았습니다.

이는 상당히 어려운 목표이지만 그에게 기술과 능력을 끊임없이 연습하고, 개선하고자 하는 동기를 부여하지요.

3) 나에게 보상을 선사하기

목표달성을 위해 항상 나를 몰아세우기만 하면 오래 가지 못하고 지치기 쉽습니다. 이는 동기를 잃게 만들지요. 잘했으면 잘했다고, 자기 자신을 칭찬해야 합니다. 제가 상담했던 어느 수영선수는 최고 기록을 갱신한 날, 그동안 먹지 못했던 딸기 파르페를 자신에게 상으로 주었다고 합니다. 우승이나 보다 더 큰 목표를 달성했을 때는 해외여행을 간다거나, 휴대전화를 바꾼다거나 더 큰 보상을 줄 수도 있겠지요. 이렇게 틈틈이 보상을 주는 건 동기 유지에 큰 도움을 줍니다.

모든 건 연결돼 있다

마인드와 멘탈의 연결, 그리고 마인드셋. 거기에 동기까지. 이 모든 건 다 연결돼 있습니다. 이들이 각자의 자리에서 제 역할을 할 때 선순환이 이루어지고, 그 순환은 천천히 내가 설정한 목표 달성으로 이어지지요. 즉, 이들의 종착지는 목표달성입니다.

시작하는 마음은 목표에서 나옵니다. 목표를 향한 동기는 나를 성장하게 하고, 이 성장은 자기효능감을 향상시키는 데 큰 원동력이 됩니다. 목표설정만 제대로 해도 마인드-멘탈, 마인드셋, 동기는 저절로 따라올 거예요.

다음 장부터는 목표에 대해 보다 더 세부적으로 이야기하며 목표의 존재 이유와 목표설정법의 기초, 승리의 출발선에 섰던 우수 선수들의 동력을 전합니다.

삶의 철학에 따라
목표는 달라진다

목표의 존재 이유는 달성이 아닙니다. 목표를 이루기 위해 노력하는 나, 노력이 무엇인지 알게 된 나, 힘겨운 과정과 그 속에서 깨어나는 성취감 등등……. 이 모든 걸 주는 게 목표이고, 목표의 존재 이유입니다. 이는 개인의 성장과 발전에 중요한 요소예요. 또 목표는 기대감을 높이고, 자기효능감을 상승시킵니다. 이 자체로 동기부여가 되지요.

여기 마라톤선수를 꿈꾸는 한 학생이 있습니다. 그는 매일 훈련하며, 마라톤선수가 되기 위해 노력합니다. 마라톤 경기에서 우승하는 모습을 상상하고, 그 기대감은 그의 동기부여를 크게 높입니다. 열심히 노력하게 만들죠. 그러다 1등을 하는 등 눈에 띄는 성과를 보게 되면 자신이 목표를 달성할 수 있는 능력이 있다는 걸 실감하게 돼요. 즉, 자기효능감을 느끼게 됩니다. 계속해서 목표를 위해 달리게 되지요. 이러한 자기효능감은 어려운 상황에 직면했을 때도 위너 마인드셋을 유지하게 하고, 노력을 지속하는 데 중요한 요소가 됩니다.

하지만 누군가는 목표설정을 하는 것 자체를 피하기도 합니다. 왜 그럴까요?

상담사 왜 목표를 세우고 싶지 않나요?

내담자 이루지 못하면 어떡해요? 기대하면 실망하게 될까 봐 무서워요. 저는 항상 그랬던 것 같아요. 그래서 저는 아예 목표를 안 세워요.

내담자의 말에는 많은 감정이 담겨 있어요. 부담감, 두려움, 상실감, 실망감……. 그리고 이 감정들을 파헤쳐 보면 욕망이 보입니다. 목표를 이루고 싶다는 욕망이요. 모순적이게도 목표를 이루고 싶다는 욕망이 부정적인 감정으로 드러나는 것이죠.

앞서 말했듯이 목표설정의 이유는 달성이 절대 아닙니다. 목표를 세우는 과정 자체가 나 자신을 성장하게 한다는 걸 먼저 인지해야 합니다. 목표가 없는 삶이 나쁘다고 말하는 게 아니에요. 목표 없는 삶도 있습니다. 하지만 살아가다 보면 누구나 한 번

쯤 최악의 시기를 마주하게 돼요. 필연적으로요. 그때 우리는 무너집니다. 혹은 절벽 밖으로 나가떨어지죠. 그럴 때 목표는 짚고 일어날 수 있는 작은 나뭇가지가 돼 주고, 절벽 끝에 뻗어 나온 붙잡을 수 있는 지푸라기가 돼 줍니다. 목표는 존재 그 자체로 가치가 있어요.

삶에 기대하세요. 설령 실망하면 어떤가요? 목표를 달성하지 못해도 당신은 충분히 많은 걸 얻을 수 있습니다. 그러니 목표를 설정하고, 기대하고, 실망하고, 그리고 또 다시 목표를 세우세요. 그렇게 성장하세요. 그래도 괜찮습니다. 충분합니다.

목표설정의 전제 조건과 기본 조건

목표의 중요성을 알았으니 목표를 차근차근 세워 볼 차례입니다. 그 전에 먼저 생각해야 할 게 2가지 있습니다. 하나는 목표설정의 전제 조건이고, 하나는 목표설정의 기본 조건입니다. 일단 목표설정의 전제 조건은 '나만의 삶의 철학'입니다. 내 삶에서 중요하게 생각하는 가치가 무엇인지에 따라 목표는 달라집니다. 삶의 철학이 있다는 건 내가 정한 나만의 기준과 가치 앞에서 절대 타협하지 않겠다는 태도이기도 합니다. 당신의 삶 철학은 무엇인가요?

우리는 목표를 세워야 한다는 이야기를 많이 듣고 자랐습니다. 그만큼 중요하기에 그렇습니다만, 목표를 세우는 게 중요하다고 해서 깊게 고민하지 않은 채 목표를 세우다 보면 목표를 세우는 것 자체가 목표가 돼 버리는 경우가 많습니다. 목표설정은 목표로 가기 위한 수단이 되어야 하지, 단순히 목표가 되어서는 안 됩니다. 그래서 목표를 세울 때는 기본 조건도 고려해야 합니다.

◆ **목표설정의 기본 조건** ◆

1. 명확성
2. 구체성
3. 현실성

예를 들어 한 축구선수가 '더 나은 선수가 되기'라는 목표를 세웠다고 해봅시다. 사실 이는 목표라고 하기에는 조금 모호하고 애매합니다. '더 나은 선수'에 대한 기준이 저마다 다르기 때문입니다. 이럴 때는 내가 생각하는 더 나은 선수는 무엇인지, 또 더 나은 선수가 되려면 어떻게 해야 하는지를 보다 구체적으로 고민해야 합니다.

목표설정은 '다짐'이 아니라 '행동'이 중심이 되어야 합니다. 행동은 구체적일수록 좋습니다. 구체적인 행동을 목표로 설정하면 자신이 어떤 행동을 취해야 하는지 명확히 알게 되고, 이는 나의 행동을 체계적으로 일관된 방향으로 안내합니다. 또 오직 그것 하나만을 생각하기에 실천에 옮기기도 쉬워지지요.

여기에 덧붙여 효과적인 목표설정을 하고 싶다면 더 나아가 세부적인 기준을 설정하는 것도 좋습니다.

효과적인 목표설정법 3단계

목표설정의 전제 조건과 기본 조건을 모두 알았으니 이제 목표설정법 3단계를 배울 차례입니다.

◆ 1단계: 목표의 큰 그림을 그리기 ◆

일단 멀리 보세요. 나의 최종 목표가 무엇인지, 결과적으로 나는 무엇이 되고 싶은지를 상상하세요. 이 단계에서 필요한 건 '명확성'입니다. 명확하게 설정하세요. 꿈은 다소 추상적으로 그릴지라도, 목표는 구체적으로 그려야 합니다.

◆ 2단계: 목표를 세부적으로 나누기 ◆

올림픽에서 금메달을 따는 게 목표인 쇼트트랙선수가 있다고 해볼까요? 하지만 이는 너무 먼 목표입니다. 이룰 수 없다는 이야기가 아닙니다. 현재 내가 있는 곳에서 지나치게 먼 목표를 설정하면 무엇을 해야 할지 알 수 없어 헤매기 쉽습니다. 그렇기에 최종 목표를 중심으로 장기 목표-중기 목표-단기 목표로 작게 세분화하는 게 좋습니다.

장기 목표: 내년 상반기에 국가대표로 선발된다.

어떤가요. 목표가 조금은 더 가까워지지 않았나요? 하지만 이는 여전히 먼 목표입니다. 조금 더 세분화해 봅시다.

중기 목표: 3개월 후에 있을 국내대회에서 전체 랭킹 5위 안에 든다.

이쯤에서 내가 세분화하고 있는 목표가 현실성이 있는지 냉정하게 확인해야 합니다. 만일 충분히 현실성이 있다고 판단이 되면 한 번 더 쪼개 봅시다.

단기 목표: 다음 달 말까지 기록을 0.05초 단축한다.

이처럼 세분화한 목표는 달성하기도 쉽고, 또 이렇게 작은 목표를 세우면 내가 얼마만큼 성장했는지 쉽게 파악할 수 있죠.

이 선수는 장기-중기-단기 목표를 설정했습니다. 더 나아가 구체적인 일정까지 정해 놓았지요. 단기 목표를 달성하려면 주간 일정을, 중기 목표를 달성하려면 월간 일정을, 장기 목표를 달성하려면 분기별·연간 일정으로 나누어 잡을 수 있습니다.

목표가 정해졌으면 구체적인 일정을 세워야겠지요. 연간 일정, 분기별 일정, 월간 일정, 주간 일정 등으로 나눌 수 있습니다. 더 나아가 여기에서 나에게 더 큰 자극을 주려면 마감일을 설정하는 것도 좋습니다. 즉, 각 단계의 계획을 성취하는 데까지 시간제한을 두는 것입니다. 시간제한은 체계적으로 목표를 추적하고, 효과적으로 달성하는 데 강력한 동기를 제공하지요.

세부적인 목표설정을 하는 이유는 순간순간의 성취로 꾸준히 하기 위함도 있지만 결국은 가장 최상위 목표, 가장 큰 목표를 달성하기 위함이라는 걸 기억하세요. 마감일을 설정하면 나의 목표에 대해 더 강한 책임감을 느낄 수밖에 없습니다. 또 가능하다면 주기적으로 자체 시험을 치르는 것도 좋은 방법입니다. 내가 얼마나 성장했는지 정확하게 알 수 있기 때문입니다.

◆ 3단계: 단계별 계획 세우기 ◆

목표를 설정했다면 해야 할 일이 있습니다. 바로 목표로 가는 나만의 단계별 계획을 세우는 것입니다. 앞의 쇼트트랙선수는 다음 달 말까지 기록을 0.05초 단축하기'라는 단기 목표를 세웠습니다. 선수는 이를 달성하기 위해서 너무 어렵지 않은 계획부터 차근차근 세워야 합니다. 체력 훈련을 시작으로 기술 훈련, 실전 경기 등 계획을 설정하고, 순간순간 성취의 기쁨을 느껴야 오래 지속할 수 있습니다. 빠르게 도달하는 것은 중요하지 않습니다. 과정에 집중하고, 작은 성취 하나하나에 기뻐하다 보면 시간은 우리를 최종 목표에 데려다 줄 테니까요.

우선순위를 설정하고, 이에 따라 계획을 조절할 줄 아는 유연성도 필요합니다. 이렇게 하면 선수는 자신의 목표에 집중하고, 더 효과적으로 시간과 노력을 관리할 수 있습니다. 노력도 관리하면 더 잘할 수 있습니다.

일일 계획, 주간 계획, 월간 계획을 세우되, 우선순위는 일일 계획, 주간 계획에 두세요. 오늘 해야 할 일을 어떻게서든 끝낼 생각으로 계획을 세워야 합니다. 여기에서 목표설정의 기본 조건을 적용해 보아도 좋겠습니다. 명확성, 구체성, 현실성이지요.

자, 이제 목표를 다 세웠다면 목표를 세운 나 자신을 칭찬해

주세요. 나 자신에게 잘했다고, 이제 더 잘할 수 있을 거라고 다독여 보세요. 목표를 이룬 다음 내가 나에게 어떤 보상을 줄 것인지 설정해 보는 것도 좋습니다. 손에 잡히는 물질적인 보상은 성취의 쾌감을 높일 겁니다. 스스로 나서서 목표를 세운다는 건 내 삶을 잘 꾸려가겠다는 의지와 애정이 있다는 뜻입니다. 이왕 사는 삶, 잘 살기 위해 노력하는 나를 마음껏 칭찬해 주고 다음 장으로 넘어가 봅시다.

전쟁터에서
당신을 살릴 '주의력'

살면서 단 하나의 기술만 가질 수 있다면 저는 이 기술을 선택하고 싶습니다. 바로 '주의력'입니다.

몰입에 대해서는 많이 들어 보셨겠지만 주의력은 다소 생소한 개념으로 다가올 수 있습니다. 몰입은 하나의 일에 깊이 빠지는 능력을 뜻합니다. 특정 활동에 완벽하게 집중하고, 그 활동에 완전히 빠져들어서 시간 개념을 잃어버리는 게 바로 몰입입니다. 이는 재미와 흥미, 열정을 기반으로 이루어지지요.

주의력은 선택과 집중을 적재적소에 할 수 있는 능력을 뜻합니다. 지금 내가 필요한 정보를 선택해서 몰입하고, 필요하지 않은 정보는 차단하는 능력이에요.

이 두 개념은 서로 밀접한 관련이 있습니다. 몰입과 주의력은 언뜻 보면 비슷해 보이죠. 맞습니다. 둘은 톱니바퀴처럼 맞물려 있는 개념입니다. 하지만 몰입 이전에는 주의력이 있습니다. 주의력은 우선순위를 매기는 작업을 해야 해요. 오직 하나만을 선택해서 몰입할 준비를 해야 하지요. 그렇기에 몰입을 경험하려면 우선 주의력을 키워야 합니다. 즉, 주의력은 몰입을 가능하게 하는 토대입니다.

몰입을 이루는 요소가 '재미'이자 '하고 싶은 일'이라면 주의력을 이루는 요소는 '선택'이자, '해야 하는 일'입니다. 주의력을 통해 특정 활동에 선택 집중하고, 그 활동에 재미를 가지게 되면 몰입으로 이어지는 것이죠.

주의력이 있어야 몰입도 있다.

주의력을 키워야 하는 이유

실전은 전쟁터입니다. 숨이 가쁘고, 정신은 혼미하고, 눈앞의 경쟁자는 빠르게 움직이고, 관객들의 환호 혹은 야유가 아우성치고, 순간 떠오르는 잡생각, 결과에 대한 두려움, 오락가락하는 기분 등 지나치게 많은 정보와 말로 표현할 수 없는 자극들이 눈앞에 펼쳐져 있는 곳, 그곳이 바로 경기장이자 실전입니다.

경기에 나간 선수는 무수히 많은 정보 중에서 가장 중요한 것을 선택해 집중할 수 있어야 해요. 불필요한 것은 치워버려야 합니다. 오직 지금 이 순간에만 집중해 필요한 것과 불필요한 것을 구분하고, 반응해야 할 곳에 반응할 줄 아는 힘이 주의력입니다. 경기는 0.01초 만에 판세가 뒤집히기도 해요. 선수는 주의력을 활용해 순식간에 변하는 판세에 맞춰 중요한 정보를 놓치지 않고, 효과적으로 처리할 수 있어야 합니다. 주의력이 부족하다면 경기 중 반드시 찾아오는 결정적인 순간에 제 능력을 발휘하지 못한 채 그대로 무너질 가능성이 높습니다.

선수들은 주의력의 중요성을 잘 알고 있습니다. 어떻게 하면 필요한 순간에 최적의 주의력을 발휘할 수 있는지 그에 대한 방안을 모색하지요. 주의력은 지금 내가 가진 기술을 120% 활용할 수 있게 돕습니다.

예를 들어 농구 경기에서 '센터'는 코트의 골밑 중앙에서 활동하는 포지션으로 대개 키가 큰 선수들이 자리합니다. 수비에 유리하고, 공격에도 유리한 선수들이죠. 수비에 나설 때 센터는 자신이 마크하는 선수가 쉬이 자리를 잡지 못하게 하기 위해서 그의 움직임에 주의를 집중합니다. 그리고 그와 동시에 우리 팀 선수를 돕는 도움수비를 해야 하는데, 이때 집중력을 잃으면 그 즉시 실점할 확률이 높아지죠. 즉, 상대 선수 수비에 집중하면서도 센터라인에 들어오는 우리 팀 선수를 도우려면 넓은 주의력을 가져야 합니다.

농구선수들이 주의력을 키우기 위해 행하는 훈련이 있습니다. 빠르게 돌아가는 코트, 나의 영역으로 들어오는 선수를 막기 위해 사용하는 방법인데요. 토킹talking입니다. 공을 가지고 있는 공격수가 다른 포지션의 수비수와 맞물리는 스위치switch 상황이 될 때, 우리 팀 선수가 수비를 놓치면 '스위치!' 또는 '헬프해 줘!'라는 토킹 사인을 미리 정하고 경기에 나가서 이를 활용합니다. 이 토킹 사인을 적재적소에 활용해 도움수비를 성공적으로 이끄는 데 필요한 주의력을 키우는 일은 꽤 어렵습니다. 훈련한다고 해서 바로 원하는 결과를 주지 않기 때문에 반복 연습이 필수지요.

그렇다면 몰입이란 무엇인가

몰입은 내가 어떠한 일에 완벽히 스며들어 있는 상태를 의미합니다. 선수로 치면 경기에 완벽히 투입되어 경기가 나인지, 내가 경기인지 분간할 수 없을 정도로 녹아든 상태지요. 이는 최상의 성과를 내는 데 필수적입니다.

　몰입은 운동선수들만 경험하는 건 아닙니다. 책을 읽거나, 그림을 그리거나, 기타를 연주하거나, 게임을 하거나 내가 흥미를 느끼는 활동에 몰입하면 주변의 다양한 자극을 무시하고 해당 활동에 완전히 열중하게 됩니다. 이런 상태에서는 즐거움과 성취감을 동시에 느끼며, 주변 환경에 대한 인식이 흐려지기도 하지요.

　역으로 생각하면 몰입은 싫어하는 일 앞에서는 매몰찹니다. 애초에 몰입이 발생할 수 없습니다. 몰입은 시간을 빠르게 흐르게 하고, 나의 능력을 최대치로 끌어올립니다. 이 상태는 성취감과 만족감을 선사하고, 내 안에 긍정적인 경험으로 각인되지요. 아마 다들 살면서 한 번쯤은 이러한 몰입 경험을 해보셨을 거예요.

　몰입 상태에서는 시간이 쏜살같이 흘러가는 것처럼 느끼고, 뇌의 활동도 활발해지면서 나의 능력치를 최대한 발휘할 수 있는 상태가 됩니다. 이 상태는 성취감과 만족감을 함께 느끼게 하고, 긍정적인 경험을 쌓게 돕습니다. 또 몰입은 위기 상황에 잘 대처할 수 있도록 임기응변을 발휘해 새로운 시도를 해야 하는 상황에서 창의적이고, 효과적인 행동을 취할 수 있도록 도와주지요.

이 상태에서 선수는 경기에만 전념하며 자신의 능력을 극대화합니다. 이러한 상태를 만들고 유지하는 데 주의력이 결정적인 역할을 합니다. 경기 중에 선수가 집중력을 유지하고, 자신의 능력을 잘 조절하면 몰입 상태에 도달할 가능성이 증가하는 거지요.

주의력을 키우는 법 3가지

주의력은 연습을 통해서 얼마든지 키울 수 있습니다. 운동선수뿐만 아니라 비스포츠인인 우리도 주의력을 요구하는 상황에 놓일 때가 많습니다. 많은 사람들 앞에서 발표할 때, 사람들 사이에 섞여서 시험을 치러야 할 때, 입사를 위해 면접을 볼 때, 급하게 끝내야 하는 업무를 맡았을 때 등등 손에 꼽기 어려울 정도로 많지요.

우리가 주의력을 키우기 위해서 일단 해야 하는 일은 디지털 디스트랙션digital distraction을 경계하는 것입니다. 이는 스마트폰, 소셜 미디어, 온라인 콘텐츠 등 디지털 매체에 의해 주의력이 분산되는 현상을 의미합니다. 예를 들어 내가 지금 궁금한 건 영어 단어인데, 막상 검색하려고 포털 사이트에 들어가면 다른 콘텐츠가 눈에 들어온다거나 할 때가 있지 않나요? 그렇게 본래 검색 목적을 상실하고, 기존의 목적을 달성하기까지 걸리는 시간이 길어지죠.

실제로 우리의 뇌는 한 번에 하나의 일을 해야 가장 높은 효율을 발휘할 수 있도록 설계되어 있습니다. 예를 들어 운동할 때는 우리의 몸의 움직임에 집중해야 하며, 책을 읽을 때는 읽어야 하는 글에 집중해야 합니다. 이렇게 하나의 일에만 집중하면서 그때그때 문제가 닥칠 때마다 해결해 나가는 것이 중요합니다. 또 주의력은 나의 감정이나 스트레스와도 깊은 연관이 있습니다. 긴장감이나 불안, 피로 등은 주의력에 악영향을 미칩니다. 결국 감정과 스트레스 관리까지도 잘해야 한다는 것이지요. 그렇다면 주의력은 어떻게 키울 수 있을까요?

◆ 디지털 디톡스digital detox ◆

디지털 디톡스는 디지털 장치에서 일정 시간 동안 '연결 해제'

하는 것을 의미합니다. 스마트폰, 노트북, TV……. 모든 전자기기에서 멀어지는 것이지요. 이렇게 멀어지는 시간이 있으면 우리는 디지털 디스트랙션에서 벗어나 주의력을 회복하고, 다시 집중력을 높일 수 있습니다.

디지털 디톡스 기간은 처음에는 짧게 가지는 게 좋습니다. '이번 주는 아침에 일어나면 30분 동안 휴대전화를 보지 않는다' 정도로 가볍게 시작하는 게 좋겠지요. 다음에는 한 시간씩 점점 늘릴 수 있습니다. 또 디톡스를 보다 수월하게 하기 위해서 환경을 구축해 놓는 것도 좋습니다. 휴대전화나 컴퓨터에서 울리는 알림을 꺼두는 거죠. 이는 우리의 주의력을 쉽게 분산시키는 원인 중 하나입니다. 또 디톡스 중에는 휴대전화를 보는 시간에 스트레칭을 하거나, 창밖을 바라보는 등 뇌에 충분한 휴식을 주는 것도 방법입니다.

◆ 적당한 운동으로 휴식하기 ◆

다소 당연한 이야기라고 생각하실 수 있겠습니다만 주의력 관리에 큰 도움을 주는 건 역시 규칙적인 운동입니다. 운동선수는 휴식기에도 몸의 역량을 떨어뜨리지 않기 위해서 휴식용 운동을 하는 등 신체에 활력을 불어넣기 위해 노력합니다. 또 신체 활동은 스트레스 해소에도 도움이 되지요. 이는 운동이 뇌에 축적된 코르티솔cortisol이라는 스트레스 호르몬을 줄여 주고, 뇌에서는 엔돌핀endorphin이라는 일명 '행복 호르몬'을 분비 시키기 때문입니다. 짧은 산책, 스트레칭 등 평소보다 활동량을 10분 정도 늘린다는 생각으로 움직여 보세요.

◆ **본업에서 멀어지기** ◆

그밖에는 뇌와 마음에 휴식할 시간을 주는 것이 좋습니다. 하루 온 종일 집중하고, 생각하느라 피곤해진 뇌와 감정적인 스트레스, 걱정과 불안으로 지친 마음에게 휴식을 주는 것입니다. 책을 읽어도 좋고, 음악을 들어도 좋고, 명상해도 좋습니다. 믿을 만한 친구와 수다를 떠는 것도 방법입니다. 여기에서 포인트는 이 순간만큼은 나의 본업에서 최대한 멀어지는 것입니다.

선수들은 어떻게 주의력을 키울까?

선수들은 앞의 방법에서 더 나아가 조금 더 전문적인 방법을 사용합니다. 3가지 방법을 알아봅시다.

많이 들어 보셨을 거예요. 흔히 '시뮬레이션simulation', '이미지 트레이닝'이라고 불리기도 하지요. 시각화 기법이란 원하는 결과나 상황을 머릿속에 그려 보는 걸 뜻합니다. 이를 통해 선수들은 실제 상황에서 원하는 몰입 상태를 연습하고, 성과를 달성할 수 있도록 마음의 준비를 할 수 있지요. 골프선수의 경우 자신이 치고자 하는 골프 스윙을 머릿속에 그려 보고, 반복적으로 상상하는 훈련을 하면 감각적으로 익숙함이 생기게 됩니다. 실제 경기에서 긴장감이 줄어들고, 그렇게 주의력을 가질 수 있으며 몰입까지 이어질 수 있는 환경이 생기는 것이죠.

무려 23년 동안 축구선수로 활동했던 라이온 킹, 이동국 선수도 컴퓨터게임을 활용해 시각화 훈련을 한 것으로 알려졌지요. 게임을 통해 실제 경기와 유사한 상황을 만들어 내고, 다양한 경기 상황에 대처할 수 있는 능력을 키운 것입니다. 이는 공격, 수비에서 모두 적절한 판단력을 키울 수 있고, 실제 경기 능력을 향상시키는 데 많은 도움을 줍니다.

저 또한 박사과정을 밟을 때 많은 청중들 앞에서 발표해야 하는 일이 있었습니다. 잘하고 싶은 마음이 앞서서 일어나지도 않은 일을 걱정하며 불안에 떨기도 했지요. '너무 긴장해서 제대로 못 하면 어떡하지?', '발표 결과가 좋지 않으면 어쩌지?', '발표하다가 버벅거려서 망신을 당하면 어쩌지?'. 하지만 저는 두려움을 극복하기 위해서 보다 더 발표 내용을 꼼꼼하게 확인하고, 수십 번씩 시뮬레이션을 하였습니다. 발표 시 발생할 수 있는 여러 돌발상황을 기록하고, 그 상황에 대비하기 위해 넓은 강당에 가서 발표 연습을 하는 등 유사한 환경을 만들어 놓은 후 반복 연습을 하였지요. 그 결과, 발표를 수월하게 했을 뿐만 아니라 기분 좋은 적당한 긴장감으로 마칠 수 있었습니다.

◆ 반복 훈련 ◆

주의력 향상을 위한 반복 훈련은 선수의 반응 속도와 여러 일을 한 번에 처리하는 능력을 향상시키는 데 효과적입니다. 이러한 훈련은 선수가 경기 중에 발생할 수 있는 다양한 상황에 빠르게 대처할 수 있도록 돕지요. 어떻게 보면 운동의 기본은 반복이며, 운동을 잘하는 선수는 보통 이 반복을 잘합니다.

그러나 반복 훈련은 때때로 지루하고 단조로울 수 있습니다. 이를 해결하기 위해 자신의 연습에 다양성을 더해 볼 수 있습니다. 훈련의 난이도를 조절하거나, 운동화나, 양말 등 운동에 필요한 도구를 바꿔가면서 훈련을 진행할 수 있습니다. 또 훈련 도중에 짧은 휴식 시간을 두어 몸과 마음을 재충전하는 것도 중요합니다.

복습은 말 그대로 선수가 자신의 경기를 평가하고, 그 경기에서 무엇이 잘되었는지, 무엇을 개선해야 하는지 파악하는 과정을 말합니다. '자기반성적 연습'이라고도 불리지요. 이는 선수가자신의 능력을 향상시키고, 약점을 극복하는 데 도움을 줍니다. 내 상태를 즉시 객관적으로 파악할 수 있기 때문인데요.

한 축구선수가 경기 후 자신의 플레이를 평가한다고 해볼까요? 선수는 먼저 자신이 어떻게 플레이했는지 전반적으로 살펴야 합니다. 공격, 수비, 패스, 드리블 등 다양한 요소를 객관적으로 평가해야 합니다.

이후 선수는 플레이에서 개선해야 하는 부분을 찾아낼 것입니다. 선수는 패스를 잘못 보내거나, 공을 잃었던 상황을 떠올리면서 그 원인을 찾아 볼 수 있습니다. 이처럼 복습을 통해 선수는 자신의 약점을 파악하고, 그 약점을 개선하기 위한 전략을 세울 수 있지요. 이 과정에서 놓치지 말아야 하는 건 잘한 부분도되돌아봐야 한다는 것입니다. 내가 잘한 플레이를 되짚어보고, 어떻게 성공적으로 플레이를 할 수 있었는지 분석하면서 강점을 이해하고, 이를 활용할 수 있는 방법을 배울 수 있습니다. 때로는 약점을 극복하려고 하는 것보다 강점을 더 키우려고 하는게 현명합니다.

주의력, 주의력을 통한 몰입을 여러 차례 경험하다 보면 지금 이 순간에 집중하는 힘이 얼마나 대단하고, 즐거운지 알 수 있습니다. 일상생활에서 할 수 있는 방법과 선수들의 방법을 동시에 살펴보며 나에게 적용할 수 있는 방법에 대해서 생각해 보세요. 주의력과 몰입의 즐거움을 만나 보세요.

⚑ 실전 멘탈 강화 워크지 ①

1. 1장에서 다뤘던 내용 중 복습하고, 따라하기 좋은 건 바로 '목표설정'입니다. 목표설정은 나만의 성공을 만나는 데 반드시 필요한 과정이지요. 본격적으로 목표설정을 하기 전, 나의 현재 상태를 점검해 보는 시간을 가져 볼까요? 뇌 구조 안에 떠오르는 단어들을 적고 내가 생각한 단어들이 목표와 얼마나 연결돼 있는지 아래 질문들을 보며 확인해 보세요.

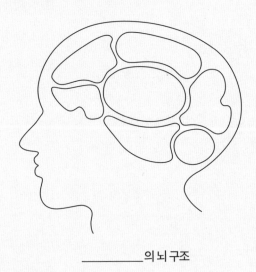

_____의 뇌 구조

- 나의 현재 역할과 임무는 무엇인가?
- 나의 꿈은 무엇인가?
- 나의 목표는 무엇인가?
- 내 인생에서 가장 중요한 것은 무엇인가?
- 현재 나의 목표와 계획에 얼마나 집중하고 있다고 생각하는가?

0	1	2	3	4	5	6	7	8	9	10

2. 나의 상태를 파악했으면 본격적으로 목표설정을 해볼 차례입니다. 최종 목표를 중심으로 장기 목표 → 중기 목표 → 단기 목표를 설정해 보세요

❌ 나의 최종 목표: _____

|장기 목표| 기간 설정:

1. _____

2. _____

3. _____

|중기 목표| 기간 설정:

1. _____

2. _____

3. _____

|단기 목표| 기간 설정:

1. _____

2. _____

3. _____

"해보자, 해보자, 해보자, 해보자!

후회하지 말고!"

— 전 대한민국 국가대표 배구선수, 김연경

2장

행동하는 마음

하기 싫은 게 아니라
잘하고 싶은 당신에게

루틴routine. 이제는 너무나도 익숙해진 말이죠. 특정한 말이나 행동을 의식적으로 행하여 익숙해지도록 만들고, 익숙해지면 무의식적으로 수행하도록 이끄는 행위를 루틴이라고 부릅니다. 감히 예상하건대, 운동선수 중에 루틴이 없는 선수는 거의 없을 겁니다. 그리고 바로 이 루틴은 20세기 초중반부터 운동 능력에 대한 멘탈적 준비와 일관된 연습의 중요성에 대한 이해가 높아지면서 스포츠 분야에서 두각을 나타내기 시작했습니다. 이후 다른 분야에도 널리 뻗어 나갔지요. 이처럼 운동선수들은 보통 경기 전에 들이닥치는 불안감을 줄이고, 몸의 긴장을 완화하기 위해 특정한 준비 과정을 거칩니다.

또 특정 행동이나 말을 여러 차례 반복하기도 하는데 바로 여기에서 루틴이라는 개념이 시작된 겁니다. 야구 경기를 보면 공을 던지는 투수가 모자를 여러 차례 매만진다거나, 어깨를 툭툭 친다거나, 땅을 두드린다거나 하는 장면을 여럿 보셨을 거예요. 이 역시 루틴입니다.

농구선수 출신 스타 서장훈도 수도 없이 많은 루틴으로 눈길을 끌었죠. 자유투를 할 때는 공을 몇 번씩 꼭 튕기고 던진다는 루틴을 정하고, 신발 끈을 묶을 때는 항상 오른발부터 묶는다는 루틴을 정했죠.

선수들에게 루틴은 습관 이상의 의미입니다. 이는 내가 나에게 하는 일종의 기도이자 오직 나를 위한 확언이에요. 내가 할 수 있는 최선을 다한 상태에서, 결정적인 순간에 내가 통제할 수 없는 것들로부터 아주 조금이라도 방해받지 않기를 바라는 마음. 마침내 하늘의 뜻이 나를 향하기를 바라는 마음, 진인사대천명盡人事待天命의 마음인 것입니다.

루틴과 습관은 다릅니다

간혹 루틴에 대해서 말하면 '그거 습관 아니야?'라고 말씀하시는 분들이 종종 있습니다. 루틴과 습관은 언뜻 비슷해 보이지만 근본적으로 다릅니다. 습관은 무의식적으로 이루어지는 반복적인 행동 패턴을 의미합니다. 습관은 그냥 하는 거예요. 아무 생각 없이, 자동으로. 예컨대 오른손잡이가 오른손으로 밥 먹는 건 습관이지, 루틴이 아니에요. 밥을 먹을 때 무의식적으로 오른손을 사용하는 게 루틴일 수는 없는 거지요.

루틴은 의식적으로 설정하고 수행하는 일련의 말과 행동들을 말합니다. 루틴은 내가 원하는 목표로 가기 위한 일종의 작전이자 설계입니다. 루틴에는 의식이 있어야 해요. 즉, 습관은 우리가 모르는 사이에 형성되고, 지속되지만 루틴은 명확한 목적으로 의도적으로 만들어진 것입니다.

아침에 일어나면 무의식적으로 기지개를 켜는 건 습관이고, 키 성장을 목적으로 의식적으로 손과 팔다리를 쭉 펴는 스트레칭은 루틴입니다. 의식이 있느냐, 없느냐 혹은 목적이 있느냐, 없느냐로 습관과 루틴을 구분할 수 있습니다.

운동선수들이 루틴을 통해 최적의 상태를 만들어 내듯이 우리 역시 일상에서 나만의 루틴을 설정하고, 그 루틴을 통해 최적의 상태를 만들어 낼 수 있습니다. 이는 단지 스포츠에만 국한된 이야기가 아닙니다.

유행을 따르지 않는 나만의 루틴 찾기

루틴을 구성할 때 중요한 것은 스스로에게 맞는, 실천 가능한 루틴을 찾는 것입니다. 모든 사람이 같은 루틴을 따라야 한다는 법은 없습니다. 나의 목표, 생활 패턴, 선호도 등을 고려하여 개인에게 맞춤화된 루틴을 개발하는 것이 중요합니다. 예를 들어 아침형 인간이라면 아침 시간을 활용한 루틴을, 저녁형 인간이라면 저녁 시간을 활용한 루틴을 구성할 수 있습니다. 미라클모닝이 유행이라고 해서 저녁형 인간이 새벽 4시에 일어나면 안 되겠지요. 유행을 따라갈 필요는 없습니다. 루틴은 잠시 머물다 가는 유행 같은 존재가 아니라 일상이 되어야 합니다. 그렇기에 루틴은 유연해야 합니다. 우리의 삶은 변수가 너무 많습니다. 지금 내가 필요로 하는 것들의 목록과 우선순위는 실시간으로 변화하지요. 그렇기에 루틴도 이에 맞추어 조정될 수 있어야 합니다. 너무 엄격하게 루틴을 지키고자 하면 스트레스를 받을 수 있으니, 상황에 따라 루틴을 조금씩 바꾸는 유연성을 가지는 편이 좋습니다.

마지막으로 루틴을 일상에 통합시키기 위해서는 인내심이 필요합니다. 새로운 루틴을 시작할 때 처음 몇 주간은 어색하고 힘들 거예요. 이렇게 하는 게 맞는 건지 의심스럽기도 하고요. 하지만 꾸준히 실천하다 보면 자연스럽게 내 삶의 일부가 되며 효과를 체감할 수 있게 됩니다. 새로운 루틴을 시작할 때는 단기간에 결과를 기대하기보다는 장기적인 관점에서 접근해야 합니다. 천천히 오래 나아갈 준비를 하는 것이지요. 핵심은 중간에 그만두지 않는 겁니다.

하기 싫은 게 아니라 잘하고 싶은 것
:국가대표 바둑선수 B

국가대표 바둑선수가 처음 상담실의 문을 두드린 날이 생생하게 기억납니다. B 선수는 바둑계의 신동으로 널리 알려져 있었습니다. 어린 나이에도 불구하고 깊이 있는 게임 분석과 전략적 사고로 많은 대국에서 승리를 거두어 프로바둑계에 일찍이 이름을 알렸죠. 그러나 그런 그에게도 고민은 있었습니다.

B 선수 선생님, 이제 바둑을 그만두고 싶어요.

저는 B 선수의 말 뒤에 숨어 있는 진심을 찾기 위해서, 바둑을 그만두고 싶은 이유를 조금 더 정확하고, 냉정하게 파악하기 위해서 스포츠심리검사를 진행했습니다. 검사 결과에서 2가지 중요한 문제점을 발견했습니다. 하나는 흥미와 재미를 느낄 수 없다는 것, 또 하나는 바둑을 왜 하고 있는지 의문을 가지고 있다는 것이었습니다. 그 이유는 무엇일까요?

> **B 선수** 자꾸 딴짓을 해요. 이러면 안 되는 거 아는데, 바둑 앞에서 자존심 상할 일을 만들지 않으려면 지금 당장 공부를 해야 하는 것도 잘 아는데, 그게 안 돼요. 제가 저 자신에게 자꾸 실망하게 돼요.
>
> **상담사** 공부에 집중하지 못하는 게 신경이 많이 쓰이나요?
>
> **B 선수** 네. 그런데 집중이 안되니까 요즘은 제가 바둑을 정말 좋아하는 게 맞는지 의문이 들어요. 바둑을 언제까지 할 수 있을까, 내가 잘할 수 있을까⋯⋯. 자꾸 불안해지고요. 그래서 바둑이 재미가 없고, 흥미도 없어요. 그냥 하기 싫은 것 같아요.

'바둑을 언제까지 할 수 있을까, 내가 경기에서 잘할 수 있을까, 그게 가능할까?' B 선수의 혼잣말을 우리의 업에 적용해 보면 이렇게 될 겁니다.

'내가 이 일을 언제까지 할 수 있을까, 내가 이 일을 잘할 수 있

을까, 내 능력이 될까?'

이 말 뒤에는 이러한 마음이 숨어 있어요. 바로 '잘하고 싶은 마음'입니다.

상담사 B 선수는 바둑을 그만두고 싶은 게 아닌 거 같아요.

B 선수 그럼…… 저는 왜 이러는 걸까요?

상담사 잘하고 싶어서 그런 게 아닐까요? 너무 잘하고 싶어서요

그는 바둑을 그만두고 싶은 게 아니었습니다. 너무나도 잘하고 싶은 마음이 앞서기에 패배를 감당하는 것, 주변의 압박이 버거웠던 것이죠. 또 이러한 상황과 감정이 반복되자 바둑을 그만두고 싶다는 생각이 자라나고야 만 것이었습니다. 그렇게 그는 바둑을 해야 하는 이유도, 바둑을 통해 이루고 싶은 목표도 모두 잃어버린 상태였습니다. 바둑을 즐기지 못하고, 잡념에 시달리며 훈련에도 당연히 집중하지 못했죠. B 선수는 무기력의 굴레에 빠져 있었습니다.

✦ 무기력의 굴레 ✦

잘하고 싶은 마음 → 부담감 → 회피 → 연습 부족 → 점점 떨어지는 실력 …… → 의욕 상실

루틴 구축 이전에 반드시 해야 할 일

일단 무기력의 굴레에서 빠져나오려면 루틴 구축 이전에 가장 먼저 해야 할 일이 있습니다. 사라진 동기, 잃어버린 목표. 이러한 상태는 나침반 없이 하는 항해와 같습니다. **루틴도 결국 목표와 동기를 필요로 합니다.** 특정 목표 없이 루틴을 구축하는 건 굉장히 어렵습니다. 이 2가지 없이는 내가 어디로 가야 할지, 무엇을 위해 노력해야 할지, 어떤 마음으로 해야 할지 알 수 없게 만듭니다. 즉, 방향을 잃어버리는 것이지요. 자기만족감을 갖기도 어렵고, 성장 역시 정체되기 쉽습니다. B 선수의 상황도 이와 다를 바 없었지요.

나만의 루틴을 구축하고 싶다면 우선 목표를 설정하고, 동기부여를 받아야 합니다. 그래서 B 선수는 일단 목표부터 명확히 설정하기로 결정했습니다. 목표설정의 전제 조건인 '내 삶의 철학'을 기반으로 목표설정의 기본 조건인 명확성, 구체성, 현실성을 하나씩 따져가며 자신의 미래를 다시 한번 그려나가기 시작했지요.

◆ B 선수의 새로운 목표 ◆

6개월 후 바둑기사 랭킹 10위권 안착

그의 목표는 단순히 랭킹 상승만을 목적으로 한 것은 아닙니다. 자신의 실력을 체계적으로 개선하고, 이를 통해 실제 대국에서 우수한 성적을 거두는 것을 의미합니다. 즉, 랭킹이 나타내는 수치는 성장을 증명하는 것일 뿐 그 자체가 목표는 아닌 셈입니다.

효과적으로 루틴을 구축하는 법

루틴이 자리를 잡는 데까지는 어느 정도 시간이 걸리고, 개인의 노력도 필요합니다. 그 과정에서 실패가 반복되는 건 당연한 일입니다. 실패할까 봐 머뭇거려서는 안 됩니다. 어렵겠지만 실패를 받아들일 줄 알아야 합니다. 체력적인 한계, 의지력 부족 등으로 발생하는 실패를 통해 우리는 스스로의 약점을 살펴볼 수 있고, 이를 통해 개선 방안을 찾아볼 수 있습니다. 즉, 실패를 통해 성장하는 것입니다.

◆ 1단계: 가볍게 시작하기 ◆

바둑은 종목 특성상 혼자 훈련하는 시간이 많습니다. 그렇기에 딴짓을 하기 쉽고, 잘못된 습관을 들이기도 쉽지요. B 선수는 훈련 중에 발생하는 다양한 방해 요인을 줄이는 것을 우선순위로 삼고, 어렵지 않은 낮은 강도의 루틴을 구축하기 시작했습니다. 물론 처음 시작은 상담사가 도와줄 수 있지만 해내고 유지하는 건 선수의 몫입니다.

이 단계에서 가장 중요한 건 나에게 부담되지 않는 선에서 시작하는 것입니다. 바둑선수 B가 루틴을 어떤 식으로 구축했는지 보다 효과적으로 전하기 위해 어느 직장인의 이야기를 예로 살펴보겠습니다.

그는 요즘 책을 도통 안 읽는다는 생각에 위기감을 느껴 '일년 동안 책 10권 읽기'를 목표로 삼았습니다. 아침에 일찍 일어나 출근 전 독서를 루틴으로 삼기로 했지요. 그는 평소 오전 7시에 일어나는 편입니다. 이런 사람이 새벽 5시에 일어나는 걸 루틴으로 삼으면 힘들어서 실패할 확률이 높습니다. 자신이 직장인이고, 출근하면 최소 8시간 근무해야 한다는 걸 명심해야 합니다. 그러니 처음에는 가볍게, 평소보다 10분 일찍 일어나는 것으로 시작하여 딱 5분만 책을 읽는 것을 루틴으로 삼는 게 좋습니다. 이렇게 가벼운 루틴부터 시작하면 실천하기도 쉽고, 부담도 적으며 이후 독서 시간도 점차 늘려갈 수 있지요.

✦ 2단계: 높은 강도의 루틴을 구축하기 ✦

낮은 강도의 루틴에 어느 정도 익숙해졌다면, 이제는 조금 더 높은 강도의 루틴으로 넘어가는 단계를 고려할 시간이 왔습니다. 높은 강도의 루틴을 설정해야 하는 이유는 내가 설정한 목표에 더 빠르게 도달하기 위함입니다. 루틴은 반복이고, 반복은 성장으로 직결되지요. 하지만 가벼운 강도의 루틴이 익숙해지면 지루해지고, 이는 목표를 이루지 못하게 방해하는 요소가 될 수 있습니다.

그럼 먼저 높은 강도의 루틴을 어떻게 설정하고, 이를 통해 어떻게 발전할 수 있는지 자세히 알아보겠습니다.

1) 목표 재점검

높은 강도의 루틴으로 넘어가기 전에 자신의 목표를 다시 한번 확인하고 구체화하세요. 또 이전 단계에서 달성한 것들을 바탕으로 더 높은 목표를 설정할 수 있습니다. 앞 사례의 직장인의 '일 년 동안 책 10권 읽기'라는 목표를 다시 한번 확인했고, 지금의 목표가 딱 적당하다고 판단했지요.

2) 활동량 및 활동의 강도 증가

그는 실제로 매일 아침 10분 일찍 일어나 5분 독서를 실천했습니다. 일주일 정도 하다 보니, 5분 독서가 점차 짧게 느껴졌지요. 그래서 과감히 아침에 20분 일찍 일어나는 것을 목표로 삼고, 독서 시간을 15분으로 설정했습니다.

3) 새로운 활동 추가

독서만 하는 게 조금 심심하다면 새로운 활동을 추가하는 것도 좋은 방법입니다. 이를테면 일주일에 한 번씩 간단한 독후감을 작성하는 것이지요. 처음에는 몇 문장으로 시작해 분량을 늘려가면 됩니다. 그밖에 독서 모임에 참여하거나 좋아하는 작가의 북토크에 참여하는 활동도 실천해 볼 수 있겠습니다.

◆ 3단계: 높은 강도의 루틴 유지하기 ◆

높은 강도의 루틴을 설정하고 나면, 이를 유지하는 것이 중요합니다. 루틴 설정만큼이나 중요한 것은 루틴 유지인데요. 높은 강도의 루틴을 유지하려면 어떻게 해야 할까요?

1) 작은 성과 축하하기

가령 책을 한 권씩 독파할 때마다 외식을 하는 등 자신에게 작은 보상을 주는 방법도 있습니다. 이는 동기부여를 유지하고 더 큰 목표를 향해 나아가는 데 도움이 됩니다. 작은 성과가 모여서 큰 성과가 된다는 걸 기억하세요.

2) 유연하게 대처하기

때로는 계획한 루틴을 완벽하게 수행하기 어려울 수 있습니다. 그럴 때는 유연하게 대처하는 것이 필요합니다. 야근할 때나, 업무가 많을 때는 매일 하던 아침 독서를 쉬고, 주말 아침에만 아침 독서를 하는 것도 좋습니다. 루틴은 느슨하게라도 유지하는 게 중요합니다. 이것은 후퇴가 아닙니다. 목표 앞에서 진짜 후퇴하지 않기 위해서 똑똑하게 대처하는 겁니다. 불가피한 상황에 마주했더라도 느슨하게나마 루틴을 유지하기만 한다면 바쁜 일정이 다 끝났을 때 다시 본 루틴으로 돌아가기도 수월하지요. 그동안 루틴을 유지하는 데 에너지를 80~90% 사용했다면 지금은 50~60%로 사용하는 것입니다.

3) 지원체계 구축하기

목표달성 과정에서 주변 사람들의 격려는 큰 힘이 됩니다. 친구, 가족 혹은 동일한 목표를 가진 커뮤니티와 함께하면서 서로를 응원하고 동기부여를 받으세요. 독서 모임을 통해서 만난 지인들과 내가 지금 읽는 책이 무엇인지 이야기하며 힘을 얻으면 루틴을 유지하는 데 큰 도움이 되겠지요.

4) 정기적인 자기평가

진행 상황을 정기적으로 평가하고, 필요하다면 목표를 재조정하는 것도 좋습니다. 이는 나의 루틴이 올바른 방향으로 가고 있는지 확인하고, 필요하다면 조정을 통해 더욱 효과적으로 목표에 다가갈 수 있도록 돕습니다. 예를 들어, 자신의 목표를 조금 더 상향해 일 년 10권 독파에서 일 년 15권 독파로 조정하는 것이지요. 이는 루틴을 지속할 수 있도록 돕는 동기부여가 됩니다. 목표를 상향했으니 책을 더 열심히 읽어야겠지요.

이처럼 루틴은 단계별로 누적해 나가는 편이 바람직합니다. 즉, 1단계의 기본적인 루틴을 유지하면서 2단계의 루틴을 추가하고, 이후 3단계 루틴까지 도전하는 것입니다. 이렇게 단계별로 루틴이 누적되면, 각 단계에서 얻은 이점과 습관들이 서로를 뒷받침해 더욱 효과적인 성장을 이룰 수 있습니다. 무엇보다 루틴을 설정할 때 중요한 건 타인과 비교하지 않는 겁니다. 자신만의 속도로, 하지만 꾸준히 전진해 나가세요. 당신이 이루고자 하는 목표에 한 걸음 더 다가갈 수 있을 것입니다.

다시 돌아오겠습니다

앞서 이야기한 바둑선수 B의 루틴도 3단계에 이르자 점차 자리를 잡아갔습니다. 이전에는 훈련 중간에 웹툰을 보느라 2시간 이상 시간을 허비하고는 했지만, 루틴을 구축하기 시작하면서 웹툰을 보는 시간은 점점 줄어들었습니다. 2개월 후에는 웹툰을 보는 것 자체를 거부했습니다.

바둑선수는 대국 이후, 자신의 대국을 점검하고 보완해야 할 점을 발견해 이를 개선할 수 있도록 노력해야 합니다. 그는 이 역시 훈련 루틴에 적용했습니다. B 선수의 루틴은 점차 완전해졌고, 오늘 하루 안에 해야 하는 훈련 역시 무사히 마칠 수 있었지요. 처음에는 루틴의 강도가 낮았지만 3개월이 지나자 루틴을 지키는 시간과 강도는 조금씩 올라갔습니다. 반년이 지난 후에는 선수 스스로가 직접 루틴을 조정할 수 있게 되었습니다. 루틴이 안정되자 대국에 대한 자신감이 상승하고, 실력적으로 인정받게 되었지요.

문득, B 선수는 연습과 루틴이 가져다 준 결과가 자신이 처음 설정했던 목표를 넘어섰다는 걸 깨달았습니다. 바둑을 잘하는 것, 후회 없이 바둑을 두는 것. 그 이상의 것을 루틴이 가져다 준 거죠.

그해 B 선수는 눈부시게 성장했습니다. 목표로 했던 랭킹을 넘어서 개인전 다승 2위로 정규 시즌을 마무리한 것은 물론이고, 단체전에서도 결정적인 순간에 승리를 이끌어 챔피언 결정전에 진출하기도 했습니다. 또 MVP를 수상하기도 했지요.

이제 B 선수는 상담 없이도 스스로를 점검할 수 있고, 정리할 수 있는 선수로 성장했습니다. 이따금 중간점검을 위해 진행하는 상담에서도 자신의 문제점을 적확하게 짚으며 해결 방법에 대해서 고민하는 등 주체적으로 움직이는 뛰어난 선수가 되었습니다. 한 차례 상담이 마무리될 때마다 B 선수는 항상 이렇게 이야기합니다.

"다시 실천해서 돌아오겠습니다."

그의 말을 들은 저는 그저 웃으면서 고개를 끄덕일 뿐 아무런 말도 하지 않습니다. 말하지 않아도 그가 실천할 것이라는 걸 잘 알기 때문입니다.

지금 당장 두려움을
이겨내는 법

C 선수는 펜싱 국가대표가 되겠다는 꿈이 있었습니다. 불구덩이처럼 뜨겁고, 혹독한 훈련 속으로 자기 자신을 밀어 넣으며 하루하루 살아왔지요. 펜싱 도복이 땀으로 흠뻑 젖어서 쥐어짜면 땀이 우수수 떨어질 정도로 강도 높은 훈련은 그의 일상이었습니다. 다양한 전술, 검을 쥔 손과 발을 빠르게 움직이면서도 조화롭게 움직일 수 있는 기술 연습, 기초체력과 지구력을 높이기 위한 훈련 등등 다른 선수가 휴식을 취할 때도 연습을 자처하면서 새로운 동작을 시도했고, 기량을 높이기 위해 치열하게 노력했습니다.

하지만 각고의 노력에도 절망은 기어이 C 선수를 찾아왔습니다. 국내대회가 열릴 때마다 참가해 매번 결승전까지 올라갔지만, 결정적인 순간에 실수해 계속 패배하는 결과를 마주해야만 했지요. 물론 결승전까지 올라갔다는 것만으로도 대단한 성과를 거둔 것이지만 C 선수에게는 그다지 위로가 되지 못했습니다. 그의 목표는 대한민국 국가대표가 되는 것이기 때문입니다. 국내대회에서 우승 한 번 하지 못한 국가대표는 거의 없습니다. 그에게 국내대회 우승은 국가대표의 기본 조건 같은 것이었습니다.

물론 그는 패배와 마주했다고 해서 좌절하고만 있는 선수는 아닙니다. C 선수의 무궁무진한 가능성이 드러나는 지점입니다. 패배해도, 경기에서 승리해도 그는 언제나 자기가 있어야 할 자리라고 생각하는 훈련장으로 돌아와 개인 훈련에 돌입했습니다.

그런데 너무 무리했던 탓일까요? 어느 날 문득, 발바닥과 발목에 통증을 느끼기 시작했습니다. 이는 장시간 훈련으로 인한 과부하가 원인일 가능성이 높습니다. 우리 몸은 똑똑합니다. 아프면 아프다고 신호를 보내는 편이에요. 하지만 꽤 많은 사람들이 그 신호를 애써 외면합니다. 신호를 받아들이는 순간, 당분간은 아무것도 할 수 없다는 걸 알기 때문입니다. C 선수도 몸이 보내는 경고를 무시했습니다. 그의 눈앞에는 오직 국가대표가 되겠다는 목표만이 있었으니까요.

결과보다 눈부신 과정이 있다
: 펜싱선수 C

결국 C 선수는 부상을 외면하는 게 정답이 아니라는 걸 인지했습니다. 휴식이 필요하다는 걸 인정했지요. 그는 휴식 없이 훈련만 계속하던 걸 멈추고, 정규 훈련 시간이 끝나면 다른 선수들처럼 휴식 시간을 갖는 등 회복에 전념했습니다. 또 훈련 방식을 개선하고, 각 분야의 전문가와 상담을 진행하며 부상 관리, 마인드-멘탈 관리에도 집중했습니다.

그는 휴식도, 회복도 노력해야 한다는 걸 배웠다고 말합니다. 혼자서 모든 걸 감당하려고 하지 않고, 도움을 요청하는 것. 힘들면 힘들다고 말하는 것. 쉬고 싶으면 쉬고 싶다고 말하는 것. 한 번도 그렇게 해본 적 없기에 노력해야만 할 수 있었던 것이었지요. 그리고 그렇게 해도 괜찮습니다. 노력하세요. 휴식하기 위해 필사적으로 노력하세요. 도움을 요청하세요. 혼자서 모든 걸 할 수 있는 사람은 이 세상 어디에도 없습니다.

저는 이런 과정을 보며 눈부시다고 느낍니다. 결과보다 눈부신 과정이 바로 이런 것이라 생각해요. 과정은 길고, 결과는 짧습니다. 그렇기에 우리는 보통 과정으로 성장합니다. 휴식도 과정입니다. 결과는 찰나이고, 내가 성장했다는 걸 확인하는 시간

일 뿐이에요. C 선수는 이러한 과정을 통해 자신의 한계를 넓혀 나갔고, 점점 더 많은 대회에서 우승하는 등 좋은 성적을 거두기 시작했습니다.

그리고 마침내 국가대표 선발의 기회를 받아 선발 과정에서 뛰어난 기량과 팀워크, 리더십 등을 발휘하며 가치를 입증했죠. 그렇게 그는 국가대표가 되었습니다.

극복할 수 없는 두려움은 없다

기쁨도 잠시, 얼마 가지 않아 C 선수는 발목 부상으로 인해 팀에서 빠지게 되었습니다. 과거에 다쳤던 발목이 또 말썽을 부리기 시작한 것입니다. 실망감과 상실감은 커다란 불안이 되어 그를 덮치고 말았습니다.

C 선수 선생님, 제가 다시 대표팀으로 돌아갈 수 있을까요? 그렇게 하지 못하면 어쩌면 좋죠?

상담사 방법은 또 찾으면 돼요. 항상 그랬잖아요. 우리는 늘 방법을 찾았어요.

지금 그에게는 빠른 회복이 가장 중요했습니다. 그 사실은 휴식과 회복의 중요성을 몸소 깨달은 적이 있는 C 선수도 잘 알고 있는 부분이었죠. 그러나 그는 두려웠습니다. 다시는 돌아가지 못할까 봐, 계속 발목을 다치게 될까 봐 겁이 났습니다. 그의 마음에 가득 차 있는 가장 큰 존재는 두려움이었지요. 이럴 때는 두려움이라는 존재를 인지하고, 객관적으로 바라보는 게 필요합니다.

두려움이라는 것은 주관적인 시선에서 보면 너무나 커다랗고, 아득하며 극복할 수 없는 것처럼 느껴지지요. 극복할 수 없다는 생각이 들 때, 이 생각을 조심해야 합니다. 이건 명백한 착각이기 때문입니다. 극복할 수 없는 두려움은 존재하지 않습니다. 이는 스포츠심리학에서 매우 중요하게 다루는 주제 중 하나입니다. 두려움은 쉽게 말해 '과도한 걱정'으로 정의할 수 있습니다. 특정 상황에 대한 부정적인 예측과 결과가 걱정을 낳고, 두려움으로 이어지는 것입니다. 이는 선수가 자신의 능력을 발휘하는 걸 저지하고, 방해할 수 있습니다.

두려움은 크게 2가지 종류가 있습니다. 하나는 '객관적 두려움'이고, 또 다른 하나는 '주관적 두려움'입니다. 객관적 두려움은 현실적이고, 실제적인 위험 앞에서 반응합니다. 모두가 비슷하게 느낄 수 있는, 구체적이고 현실적인 실제 상황에서의 두려움이지요. 지진이나 홍수, 해일과 같은 자연재해를 마주할 때, 공포영화를 볼 때, 앞이 하나도 보이지 않는 어두운 공간으로 들어갈 때 등이 대표적인 사례입니다.

반면에 주관적 두려움은 사실이 아닌 나의 내면에서 비롯된 두려움입니다. 나의 해석이 들어간 것이지요. 개인의 경험과 감정에 기반한 두려움. 예를 들어 C 선수가 과거에 패배한 경험으로 인해 다음에도 또 다시 패배할 것이라 예상하며 두려움에 떠는 것이 바로 주관적 두려움입니다. 근거가 없지요. 과거의 나와 현재의 나는 너무도 다른 사람이기 때문입니다.

C 선수는 주관적 두려움에 매몰돼 있었습니다. 주관적 두려움을 객관적 두려움으로 전환해 인식하려면 일단 두려움을 당당히 마주해야만 합니다. 지금 내가 두렵다는 걸 인지하는 것입니다. 다음으로는 지금 이 귀한 시간을 걱정과 두려움으로 흘려보내지 않기 위해 지금 필요한 게 무엇인지 확인해야 합니다. 그리고 마지막으로 지금 내가 진정으로 되고 싶은 게 무엇인지 생각해야만 합니다.

그렇게 C 선수는 해결책을 찾아냈습니다.

지금 당장 할 수 있는 일에 집중하기

미래는 알 수 없습니다. 내일은 물론이고 30분 뒤에 무슨 일이 일어날 지도 확신할 수 없지요. 모든 게 불확실합니다. 그리고 불확실함은 두려움과 불안을 낳습니다. 그렇기에 우리는 예측 불가한 미래를 생각하지 말고, 바꿀 수 없는 과거를 곱씹지 말고 오직 현재에 집중해야 합니다. 오늘, 지금, 여기서 내가 할 수 있는 일이 무엇인지 생각해야 합니다. 이게 바로 C 선수가 발견한 해결책입니다.

해야 할 게 없다면 할 수 있는 것에 집중해야 합니다. 할 수 있는 게 없다면 할 수 있는 걸 찾아야 합니다. 현재에 집중하며, 할 수 있는 것에 집중하기 시작하자 선수의 마인드도 달라졌습니다. 그는 할 수 있는 걸 닥치는 대로 했습니다. 재활 훈련은 물론이고, 심리적으로 스스로를 안정시킬 수 있는 방법을 찾아다녔습니다. 선수로서 휴식을 취하는 게 아니라 성장을 위해 휴식을 취하고 있다는 걸 인식하게 된 것입니다.

C 선수는 한동안 잊고 있었습니다. 자신이 얼마나 많은 실패와 패배를 딛고, 이 자리에 올라왔는지. 지금 이 부상은 노력의 증표나 마찬가지였습니다. 저는 그가 어떻게 어려움을 극복해왔는지, 그 과정에서 어떤 성취감을 느꼈는지를 물어보면서 과

거에 이보다 더 어려운 시련도 결국 극복했음을 인지하게 했습니다. 그렇게 C 선수는 조금씩 달라지기 시작했습니다.

"최선을 다하는 것이 중요합니다. 저는 늘 선생님께 최선을 다했다고 말했지만 그보다 더 최선을 다하는 것이 있다는 걸 부상을 통해 알게 되었습니다."

두려움을 이겨내는 자기암시법

2016년, 브라질에서 열렸던 리우 올림픽을 기억하시나요? 지금까지도 화제가 되는 명장면이 있지요. 15점을 먼저 내는 사람이 우승하는 펜싱 에페 결승, 마지막 3라운드, 9:13으로 지고 있는 상황. 마지막 3라운드에 돌입하기 전, 대한민국을 뒤흔드는 명대사가 나옵니다. 바로 펜싱 에페 국가대표 박상영 선수가 만들어 낸 명장면이지요.

'할 수 있다, 할 수 있다, 할 수 있다, 할 수 있다, 할 수 있다, 할 수 있다.'

에페는 전신 타격이 가능하고, 동시타도 가능한 펜싱 종목입니다. 2점만 동시에 찔러도 상대 선수가 금메달을 가져가는 것이지요. 하지만 박상영 선수는 '할 수 있다'는 자기암시를 하고, 3라운드에 돌입. 3라운드 첫 동시타 이후에, 연속으로 5득점을 선취하며 대역전극을 보입니다. 그 장면을 실시간으로 보고 있던 저는 지금까지도 그때의 전율을 잊을 수 없습니다. '할 수 있다'는 자기암시는 흔하디 흔합니다. 하지만 이 암시가 실제 행동으로 이어졌을 때, 실제로 할 수 있게 되었을 때, 이는 결코 흔치 않습니다. 그렇기에 대한민국이, 전 세계가 열광했던 것이지요.

이처럼 훌륭한 선배의 경기를 보고 성장한 C 선수도 '긍정적 자기암시'를 선호했습니다. 불안감을 줄이고, 긍정적인 정서를 확장하는 역할을 하는 자기암시는 현재에 집중할 수 있는 힘을 줍니다.

하나. 나는 강해진다.
하나. 나는 결국 해낸다.
하나. 나는 할 수 있다.

C 선수의 자기암시는 아침에 일어났을 때, 칫솔질을 할 때, 재활 중간에, 그리고 잠들기 전까지 이어졌습니다. 그는 경험을 통해 긍정적 자기암시의 중요성을 깨달았습니다. 긍정적 자기암

시는 불안감을 줄이고 긍정적인 정서를 확장시키는 역할을 합니다. 이는 현재에 집중할 수 있는 힘을 주어, 어려운 상황에서도 꿋꿋이 자신의 길을 걸어갈 수 있게 도와줍니다.

그렇다면 긍정적 자기암시와 반대되는 부정적 자기암시도 존재할까요? 답은 '예'입니다. 부정적 자기암시는 자신에 대한 의심, 불안, 두려움 같은 부정적인 생각들이 자신의 능력을 제한할 수 있도록 만듭니다. 이러한 부정적인 암시는 성장과 발전을 방해하며, 자신감을 떨어뜨리고 성취를 어렵게 만듭니다.

C 선수는 긍정적 자기암시를 통해 자신의 한계를 극복하고, 더 높은 성취를 이룰 수 있었습니다. 이는 자기암시가 실제로 우리의 생각, 감정, 행동에 큰 영향을 미칠 수 있음을 보여 주는 강력한 사례입니다. 부정적 자기암시에 사로잡히지 않고, 긍정적 자기암시를 통해 자신을 격려하고 동기를 부여하는 것은 성공으로 가는 길에 매우 중요한 역할을 합니다.

마침내, 복귀에 성공하다

자신감을 회복한 C 선수는 복귀에 성공했습니다. 약했던 골반 근력이 강해지면서 자세는 더욱 안정되었고, 심리적 위축감 역시 개선되었습니다. 위기를 기회로 극복한 좋은 사례입니다.

어느 날은 C 선수에게 전화가 왔습니다.

C 선수 선생님, 이번 경기는 경험 삼아 참가했는데 우승했어요!
상담사 아니, C 선수! 경험만 하기로 했잖아요!

이제 그는 이렇게 말합니다.

"마음이 불안해지거나, 결과만 생각하게 될 때마다 이 질문을 합니다. '지금, 이 순간, 내가 할 수 있는 건 무엇이지?' 이 의식은 혼란에서 벗어날 수 있게 도와주었습니다. 전에는 지금 해야 하는 일에 집중하지 못하고, 불안과 두려움, 잡념으로 하루하루가 혼란의 연속이었습니다. 이제는 압니다. 제가 뭘 해야 하는지를요. 순간에 집중하는 힘을 가지게 된 것, 이것이 저의 가장 큰 변화입니다."

03

불완전함으로
나아간다는 건

내 몸이 보내는 신호만큼 우리가 귀를 기울여야 하는 것은 내 마음이 보내는 신호입니다. 우리의 몸과 마음은 끊임없이 상호작용을 하는 존재입니다. 이 신호라는 것은 흔히 우리가 이야기하는 '촉' 같은 것이에요. 사람을 보면서 느낄 수도 있고, 사물을 보면서 느낄 수도 있고, 특정 상황을 보면서 느낄 수도 있습니다. 다소 모호한, 자칫하면 오해를 부르는 넘겨짚기일 수도 있지만 이 느낌이라는 것은 의외로 믿을 만한 존재입니다.

처음 만나는 사람을 보고 '저 사람이랑 잘 맞을 것 같다'라고 생각한다거나 처음 하는 일인데도 '이거 잘할 수 있을 것 같다'라고 생각할 때가 있죠. 근거도 없고, 이유도 딱히 없지만 의외로 정확하게 딱 들어맞을 때가 있습니다. 이것은 우연이 아닙니다.

바로 무의식의 힘입니다.

우리는 이 느낌을, 촉을 믿는 걸 선택할 수 있습니다. 그리고 이것은 나의 마음에서 신호를 보내고, 이 신호를 따라가게 만들며 무의식에 도달해 무의식이 활발하게 움직일 수 있도록 돕습니다. 우리가 모르는 사이에 무의식은 이미 행동을 지시하고 있는 것입니다.

하지만 우리는 종종 마음이 보내는 신호를 외면합니다. 강렬하게 끌리지만 애써 그 끌림을 외면할 때, 'No'라고 대답해야 한다는 것을 알지만 혹시 모를 불이익이 걱정되어 'Yes'라고 대답할 때, 포기해야 한다는 것을 알지만 포기가 어려울 때. 이러한 말과 행동은 우리의 무의식이 자유롭게 뻗어 나가지 못하게 막고, 우리의 잠재력을 발휘하지 못하게 방해합니다.

무의식의 힘을 알고, 무의식을 내 삶의 동반자로 만드는 일은 곧 나 자신을 이해하는 일로 이어집니다. 진정한 나, 내가 진정으로 원하는 것은 무의식에서 튀어나오기 때문입니다. 무의식은 의식적으로 인지할 때는 절대 알 수 없는 생각과 감정의 저장소입니다. 무의식적인 생각과 감정은 우리의 행동과 반응에 큰 영향을 미칩니다. 따라서 우리의 무의식을 잘 다루는 일은 나의 내면과 더 깊이 연결되고, 나의 욕구와 목표를 이해하는 데 도움이 됩니다. 때로는 의식적인 생각 끝에 한 실천보다 무의식적으로 한 행동이 더 나은 결과를 가지고 올 때가 있습니다. 우리는 그 힘을 믿어야 합니다.

무의식을 사로잡기 위해서는 우선 내면의 목소리에 귀 기울이는 연습부터 시작해야 합니다. 나의 감정과 생각을 정기적으로 기록하는 것, 명상을 통해 마음을 진정시키고 내면을 탐색하는 것, 그리고 내가 반응하는 패턴을 관찰하고 이해하는 것.

이러한 과정을 통해 우리는 무의식 속에 숨겨진 자신의 진정한 모습과 마주할 수 있으며, 이를 통해 자신을 더 깊이 이해하고 발전시킬 수 있습니다.

앞에서 국가대표 펜싱선수 C는 신체가 주는 신호를 무시했습니다. 신체의 신호를 무시하자 부상으로 이어졌고, 부상은 신체적으로도, 심리적으로도 악영향을 끼쳤죠.

그런데 마음의 신호를 무시하는 경우도 있습니다. 이번 장에서는 마음의 신호를 무시하고, 지나친 완벽주의적 사고로 무의식을 점령당한 선수의 이야기를 통해 완벽을 새로 정의하는 시간을 가집니다.

마음이 주는 신호를 무시하다
: 체조선수 D

체조선수 D의 상담을 시작하기 전부터 그 선수에 대해서 들려오는 이야기가 참 많았습니다. 감독이며, 코치며, 부모님이며 하물며 동료들까지 모두 그를 걱정하고 있었죠.

"D 선수에게 무슨 문제가 있는지 알고 싶어요."
"선생님, D가 훈련에 다시 복귀할 수 있도록 도와주세요."

D 선수는 청소년대표를 목표로 최선을 다해 훈련에 임하고 있는 체조선수입니다. 체조는 참 챙겨야 할 게 많은, 어려운 운동 중 하나입니다. 기술을 익히는 데 많은 훈련을 요구하며 근력, 지구력, 유연성, 민첩성, 평형감각 등 정말 다양한 감각을 활용해야 하는 복합적인 장르죠. 그만큼 까다롭기에 일부는 체조라는 종목을 피하기도 합니다.

하지만 D 선수는 사람들이 피하는 이유가 체조를 선택한 이유라고 말했습니다.

상담사 D 선수는 왜 체조를 선택했나요?

D 선수 음, 인기가 없는 종목이라서요. 하려는 사람들도 없고
요. 근데 저는 재밌거든요. 제가 지금보다 더 완벽하게
해내서 체조가 얼마나 아름다운 종목인지 알리고 싶
었어요.

D 선수의 말에서 그가 체조를 얼마나 사랑하고 있는지 여실
히 느낄 수 있었습니다. 하지만 그는 처음 체조를 시작했을 때의
뜨거운 마음을 서서히 잃어가고 있었습니다. 체조가 주는 긍정
적인 에너지보다 지금 겪고 있는 어려움에만 집중하게 돼 그냥
포기하고 싶다는 생각에 이르게 된 것입니다. D 선수는 누구보
다도 체조를 사랑하는 선수입니다. 체조가 어렵다는 이유로 포
기를 선택하려고 하는 그의 사고는 조금 극단적이었습니다. 그
렇지만 얼마 가지 않아 그 이유를 알게 되었죠.

지나친 완벽주의가 그의 무의식까지 침범했기 때문입니다. D
선수는 훈련할 때는 물론이고, 일상에서도, 사람들과 대화할 때
도, 밥을 먹을 때도 완벽해야 한다고 생각하는 사람입니다. 작은
실수에도 민감하게 반응하고, 말 한마디도 조심하죠. '나의 말과
대답이 틀리면 어떡하지?', '내가 말실수를 해서 무슨 문제가 생
기면 어떡하지?'. 등등 실수를 지나치게 두려워하는 마음을 가
지고 있었고, 언제나 자신이 완벽하게 보이기를 바라고 있었습

니다. 그런 상태로 연습할수록 D 선수는 자신이 생각한 완벽함에서 멀어지고 있음을 느꼈습니다. 지금 이 부족한 상태에서 영원히 벗어날 수 없을 것만 같은 불길한 예감이 그의 주변을 내내 맴돌고 있었습니다.

각종 심리검사와 심층 면담을 진행한 결과, D 선수는 고도의 인지불안과 신체불안을 경험하고 있었습니다. 동기 역시 매우 낮게 측정되었지요. 내가 왜 체조를 해야 하는지, 체조선수로서 가능성이 있기는 한 건지 미래에 대한 불안으로 부정적인 마인드셋이 가득했고, 스트레스 수치도 굉장히 높게 나왔으며 우울감도 상당했습니다.

인지불안과 신체불안은 불안을 경험하는 방식에 있어서 다른 양상을 보입니다. 인지불안은 걱정이나 두려움과 같은 마음의 상태와 관련이 깊습니다. 즉, 미래에 대한 불확실성이나 예상되는 부정적인 사건에 대해 지속적으로 생각하게 되는 것이죠. 예를 들어 '지난 대회에서 했던 실수를 또 하면 어떡하지?'와 같은 생각이 반복되는 것이 인지불안의 한 예입니다. 반면 신체불안은 불안이 신체적 증상으로 나타나는 것을 말합니다. 이유 없이 가슴이 답답하거나, 심장이 빨리 뛰거나, 손이 떨리는 등의 증상이 있을 수 있습니다.

D 선수는 완벽하지 않으면 모두 실패한 것이라는 잘못된 확신이 있었습니다. 그렇기에 스스로를 부족하다고 생각하고, 훌륭하게 성취한 것도 분명히 있을 텐데 오직 '부족함'에 대해서만 집중하고 있었습니다.

무엇보다도 가장 큰 문제는 D 선수의 무의식까지 '부족함'에 대해서만 인식하고 있다는 것입니다. '나는 부족해, 실력도 안되고, 능력도 안 돼'라는 생각이 숨을 쉬듯 자연스럽게 이어졌습니다. D 선수가 대단한 건 그래도 훈련에 나갔다는 겁니다. 그렇게 최선을 다해서 훈련에 임했습니다. 같은 동작을 수백 번 반복했고, 밤늦도록 연습했습니다. '완벽해야 해, 완벽하지 않으면 안돼'. 완벽해야 한다는 압박감을 견디며 했습니다. 그러나 그 압박감은 점점 그를 짓누르기 시작했습니다.

그렇게 완벽이라는 압박 속에서 고된 훈련을 하던 D 선수는 결국 번아웃Burn-Out 증후군을 진단받았습니다.

채워야 할 때가 아니라 비워야 할 때

번아웃 증후군은 업무나 일상생활 속 스트레스 상황에서 발생하는 심리적, 신체적 피로감의 극단적 형태입니다. 이 상태에서는 에너지가 고갈되어 무기력하게 변하고, 성취감도 느끼지 못할 수 있습니다.

D 선수의 몸과 마음은 잔뜩 지쳐 있었습니다. 지금 그에게는 새로운 걸 채우는 것보다 비우는 게 더 중요한 과제였습니다. 그의 회복을 위해 저는 3가지 방법을 제시했습니다.

첫 번째는 '시각화 훈련'이고, 두 번째는 '호흡'이며, 세 번째는 '마음일기'입니다.

◆ 첫 번째, 시각화 훈련 ◆

시각화 훈련은 무의식이 설정한 한계를 부수기 위해 설계한 훈련입니다.

이 과정에서 나의 한계를 넘어설 수 있는 가능성을 그리고, 내가 마주하고 있는 장애물을 극복하는 모습을 세세하게 상상할 수 있습니다.

1) 편안한 장소 찾기

시각화 훈련을 시작하기 전에는 온전히 혼자 있을 수 있는 공간을 찾아야 합니다. 방해받지 않고, 편안하게 앉거나, 누울 수 있는 조용한 공간을 찾습니다.

2) 나의 목표를 떠올리기

내가 달성하고 싶은 목표를 구체적으로 상상합니다. D 선수는 청소년 국가대표가 되는 게 목표였기에, 이를 먼저 떠올렸습니다.

3) 구체적으로 상상하기

상상은 구체적일수록 좋습니다. D 선수는 경기장에 입장하기 전의 순간을 시작으로 경기장에 걸어가는 나의 모습, 지면에 닿는 발바닥의 느낌, 떨리는 마음, 넓은 경기장 안에 울리는 소리와 진동까지 하나하나 생생하게 그렸습니다. 이어서 곤봉과 볼, 리본, 후프 4가지 기술을 수행하는 모습을 떠올리면서 곤봉의 감촉, 볼이 굴러가는 장면, 리본이 머리 위에서 펄럭이는 모습, 후프를 던지고 나서의 미세한 바람까지 생생하게 그렸습니다. 그렇게 원하는 목표를 달성했을 때의 기쁨, 성취감, 자신감 등 긍정적인 감정까지 모두 상상했습니다.

4) 긍정적인 자기암시

긍정적인 자기암시가 얼마나 효과적인지는 앞서 펜싱 박상영 선수의 사례를 보고 충분히 알 수 있었지요. 자기암시는 할수록 좋습니다. D 선수도 구체적인 상상을 한 다음에는 꼭 자기암시를 해주었습니다. '나는 청소년 국가대표가 된다', '아니, 나는 이미 청소년 국가대표다', '내가 원하는 목표는 반드시 이룰 것이다', '미래는 내가 원하는 대로 된다'……. 이러한 암시는 마음에 희망을 품게 해 에너지를 발산시킵니다.

5) 일상에서 반복하기

이 훈련은 한 번으로 끝나는 것이 아닙니다. 무엇이든 반복이 중요하지요. 일상에서 꾸준히 시각화를 연습하세요. 상상을 현실로 만드세요.

◆ 두 번째, 호흡하기 ◆

호흡을 이야기하기 전에 먼저 호흡을 한번 해볼까요? 숨을 쉬세요. 우리는 항상 숨을 쉬지만, 숨은 무의식이 쉬게 하는 것이지 의식이 쉬게 하는 것은 아니지요. 그렇기에 의식적으로 숨을 쉬는 시간을 가지면 좋습니다. 호흡에 집중하면 우리는 지금 이 순간에 머무를 수 있고, 그렇게 되면 잡념이나 부정적인 생각에서 멀어질 수 있습니다. 한 번에 하나만 생각하는 것이지요.

5초 이상 숨을 들이쉬고, 가슴과 배가 부풀어 오르는 것을 느끼며 호흡을 관찰하세요. 그리고 10초 이상 숨을 내쉬며 몸에 공기가 빠지고, 긴장이 풀어지는 것을 느껴보세요. 이 과정을

10회 정도 반복하면서 현재, 순간의 호흡에만 집중하세요.

잡생각, 부정적인 생각을 여전히 멈출 수 없다면 호흡을 유지한 채 눈을 감고 내 신체에 집중하는 '바디스캔 명상'에 돌입하는 것도 좋습니다. 아주 작은 공이 내 몸 안에 머무르고 있다고 상상하세요. 발끝부터 시작해 발목, 무릎, 허벅지, 배, 가슴, 목, 턱……. 신체를 타고 공이 굴러다니며 평온을 선사합니다. 이 과정에서 우리는 몸의 감각에 집중하고, 긴장이나 불편함이 있는 부위를 인식할 수 있습니다. 이를 통해 몸과 마음 사이의 연결을 강화하고, 순간에 더 깊이 몰입할 수 있습니다. 바디스캔 명상은 몸의 긴장을 풀어주고, 마음을 진정시키며 부정적인 생각에서 벗어나 지금 이 순간에 더 집중할 수 있게 도와줍니다.

◆ 세 번째, 마음일기 ◆

이어서 D 선수는 보다 더 정확하게 자신의 감정과 생각을 정리하고 들여다보기 위해 마음일기 쓰기에 돌입했습니다. 마음일기를 통해 나의 생각과 감정을 제3자의 시선으로 바라보며, 자신의 마음을 더 잘 이해할 수 있었지요.

마음일기는 일반적인 일기와는 조금 다릅니다. 이는 자신의 감정, 생각, 반응을 기록하며 그것들을 객관적으로 되돌아보고 분석하는 과정입니다. 이 과정에서 자기 자신을 더 깊이 이해할 수 있게 되고, 자기 자신을 긍정적으로 바라볼 수 있게 됩니다.

1) 날짜와 시간을 기록하기

날짜와 시간을 먼저 기록합니다. 이는 나중에 자신의 감정 변화를 추적하는 데 도움이 됩니다.

2) 지금 감정을 기록하기

현재 내가 느끼고 있는 감정을 구체적으로 기록합니다. 예를 들어 슬프다, 기쁘다, 화가 난다 등의 감정을 솔직하게 표현하면 됩니다.

3) 감정의 원인 파악하기

현재 느끼고 있는 감정이 생긴 구체적인 원인이나 상황을 적습니다. 어떤 사건이나 대화, 생각 등이 그 감정을 유발했는지를 분석합니다.

4) 감정에 대한 나의 반응 기록하기

그 감정을 느꼈을 때, 내가 어떻게 반응했는지를 기록합니다. 그리고 그 반응이 나와 주변 사람들에게 어떤 영향을 미쳤는지를 생각합니다.

5) 방법을 기록하기

현재 느끼고 있는 감정을 다루기 위해 사용할 수 있는 혹은 사용했던 구체적인 방법들을 기록합니다. 예를 들어 호흡하기, 산책하기, 친구와 대화하기 등이 있을 수 있습니다.

6) 배운 점과 깨달은 점 기록하기

마지막으로 마음일기를 통해 자신이 무엇을 배웠는지, 어떤 깨달음을 얻었는지를 정리합니다.

실패를 생각하지 마세요

나만의 성장을 이루고 싶은 사람이라면 완벽함을 목표로 삼으면 안 됩니다. 냉정하게 말하자면 완벽함은 달성할 수 없는 목표입니다. '완벽'이라는 상태는 이미 최고에 도달했다는 의미이며, 더는 성장하거나 발전할 필요가 없음을 의미하기 때문입니다.

지금 내가 어느 위치에 있건, 더 발전할 수 있는 단계, 그 다음 단계보다 더 높은 단계로 올라야 하는 과정이 필요하며, 그 성장과정에서는 반드시 실수를 만나게 됩니다. 아니, 반드시 실수해야 합니다. 실수를 통해 배우고, 보완함으로써 더 큰 성장을 만날 수 있기 때문입니다. 이는 완벽함을 위한 필수 과정이지만, 모순적이게도 완벽함을 느끼지 못하면 불안해 하는 많은 선수들은 이 과정을 받아들이지 못하고, 그 과정에 빠져서 헤어나오지 못하는 경우가 많습니다.

제아무리 뛰어나고, 대단한 선수라도 반드시 실수는 합니다. 실전에서도 마찬가지입니다. 그들도 실패를 통해서 많은 걸 배웠으며, 실수를 통해 배운 것들을 본인의 노력으로 악착같이 개선해 더 강한 존재가 되었습니다. 이러한 경험을 단 한 번이라도 한 사람은 이 세상에 노력 없이 안 되는 건 없다는 걸 인지하게 됩니다. 그렇게 자기효능감이 자라나지요. 자기효능감이 높은 사람은 어려움에 직면했을 때 그것을 극복할 수 있다고 믿으며, 이러한 믿음은 실제로 성공적인 결과를 가져올 확률을 높입니다.

실패를 생각하지 마세요. 찰나의 실수에서 시작하세요. 실수는 누구나 할 수 있습니다. 실패도 누구나 할 수 있습니다. 실수와 실패 다음에 어떤 선택을 하느냐에 따라 성장 여부가 갈립니다. 완벽함을 추구하며 노력하는 건 좋습니다만, 그것이 당신의 불안을 증가시키고 성장을 방해한다면 완벽을 추구하지 마세요. 완벽하지 않아도 괜찮습니다.

04

건강한 비교로
성장하기

스포츠는 정정당당하게 타인과 경쟁하여 승리하는 것이 주요 목적입니다. 그렇기에 선수들은 언제나 경쟁 상황에 노출돼 있지요. 승과 패가 정확히 나뉘는 경기 하나가 끝나면 좌절감이나 무력감에 빠지기도 쉽습니다. 경기 내내 신체적으로, 정신적으로 팽팽한 긴장 상태에 놓여 있다가 경기가 끝남과 동시에 긴장 상태가 풀어지고, 그 상태가 무기력함으로 이어지기도 하는데요. 그럼에도 불구하고 다음 경기를 위해 또 다시 훈련에 돌입하며 준비해야 하죠.

선수들은 매일 고강도의 훈련을 소화해야 하고, 체력적으로도 또 심리적으로도 몹시 극한의 상황에 있습니다. 이를 버틸 수 있게 해주는 건 내 꿈과 목표이기도 하지만, 때로는 곁에 있는 동료가 큰 힘이 되어 주기도 합니다. 그렇지만 당연하게도 늘 좋은 점만 있는 건 아니에요. 동료들 덕분에 힘을 얻기도 하지만 동료들과 자기 자신을 비교하며 괴로움에 빠지는 경우도 꽤 많기 때문입니다. 왜 우리는 비교할까요? 왜 비교하는 걸 넘어서 스스로를 깎아내리게 될까요?

좋은 비교 VS. 나쁜 비교

그렇다면 긍정적인 기억을 심어줄 수 있는 비교도 있을까요? 당연히 있습니다. 우리는 비교를 나쁘다고 생각하는 경우가 많아요. 비교가 주었던 부정적인 기억과 감정이 많기 때문이지요. 그렇지만 곰곰이 생각해 보면 우리는 유아기 때부터 조금씩 각인이 되었던 비교를 통해서 나름 터득한 게 있습니다. 비교를 활용할 수 있다는 것을요. 즉, 비교를 내 목표로 활용하는 것이죠. 실제로 상담에서 코칭할 때 저는 자주 비교하고는 합니다. 이를 '건강한 비교 훈련'이라고 부르죠. 내가 더 열심히 해야 하는 이유를 찾기 위해서, 자신감과 연결 짓기 위해서지요. 승부의 세계에서는 사실 이러한 비교가 굉장히 필요합니다.

　예시로 농구선수와의 상담 사례를 살펴보겠습니다.

내담자 선생님, XX선수가 너무 잘해서 기가 죽어요. 자꾸 비교하게 되고요.

상담사 그럴 수 있어요. 하지만 잘하고 싶은 거잖아요? 자, 객관적으로 볼까요? 기록을 봐요. 오늘은 XX선수가 슛을 10개 쏴서 7개 성공했어요. 그런데 OO선수는 10개 쏴서 3개 성공했잖아요. 못했다는 게 아니에요. 그런데 잘하고 싶고, 이기고 싶잖아요. 그러면 확률을 높여야죠. 확률을 높이려면 어떻게 해야 하죠?

내담자 연습을 더 해야 합니다.

상담사 그렇죠. XX선수는 오늘 슛 연습을 200개 하겠다고 했어요. 저는 OO선수가 XX선수를 내일 체육관에서 다시 만났을 때 자신감 있게 마주치기를 바라요. 자신감은 오직 연습으로 채울 수 있어요. 어떻게 할래요?

내담자 XX선수가 200개 한대요? 그럼 저는 300개 할게요. 오늘 제가 여기에서 제일 열심히 하는 선수가 될 거예요.

위의 사례는 비교를 활용해 우울감을 자신감으로 바꾼 사례입니다. 물론 매 순간 비교를 사용하면 안 되겠지만 성취할 것이 있고, 목표를 잡아야 할 때, 자신감을 쌓고 싶을 때 이용하는 건 좋은 선택이에요. 즉, 동기부여로서 활용하는 것이지요.

나의 목표를 위해서 비교를 활용하는 건 효과적이지만, 나의 일상에서 혹은 사생활에서 비교를 활용하는 건 지양해야 합니다. 이를테면 저 사람이 입고 있는 옷, 저 사람이 차고 있는 시계, 저 사람이 들고 있는 가방을 보면서 지금 나의 처지와 저 사람을 비교해서는 안 되는 것이지요. 일단 알 수 없습니다. 저 사람이 얼마나 대단한지, 또 저 사람의 속사정이 어떤지. 승부의 세계에서 비교는 정확한 수치를 기반으로 해 자신감을 키우는 걸 목표로 하지만, 일상생활에서의 비교는 지레짐작에 불과하기에 자신감을 더 떨어뜨리고 어떤 목표도, 목적도 존재하지 않고 부정적인 기억과 감정만 쌓아놓기에 하등 쓸모가 없습니다.

　우리가 스스로를 깎아내리게 되는 이유에는 종종 우리가 설정한 기준이 비현실적으로 높거나, 단기간에 달성하기 어려운 목표일 때가 많습니다. 또 우리는 성공보다 실패에 더 큰 비중을 두고, 자신의 성취를 과소평가하는 경향이 있지요. 이러한 심리적 경향은 우리가 자신을 깎아내리고, 끊임없이 부족함을 느끼게 만듭니다. 결과적으로 이 역시 우리 주변을 구성하고 있는 환경 문제입니다. 즉, 시스템의 문제인 것이지요.

　우리는 자아가 있는 존재이기에 나를 의식하고, 타인을 의식하며 비교할 수밖에 없습니다. 비교는 피하려 해도 피할 수 없습니다. 이럴 때는 비교라는 존재를 인식하고, 차분히 받아들이는 마음가짐이 필요합니다.

우리는 비교를 선택할 수 있습니다. 온전히 나에게 집중하는 비교는 과거의 나와 현재의 나를 비교해 성장하는 걸 의미해요. 비교를 발전을 위한 동기부여로 활용하는 것이죠. 나의 진정한 가치는 타인과의 비교로는 알 수 없어요. 내가 얼마나 성장했는지, 얼마나 많은 노력을 기울였는지는 과거의 나와 현재의 나를 통해서만 알 수 있습니다. 나라는 사람을 긍정적으로 바라보고, 과정을 즐기면서 나만의 속도로 발전하는 것이 중요합니다.

재능보다 노력의 힘을 믿다
: 배드민턴선수 E

여기 재능보다 노력의 힘을 믿는 선수가 있습니다. 배드민턴선수 E는 성실함과 노력으로 실업팀 입단에 성공했습니다. 그가 속한 팀에는 국가대표 선수들, 세계랭킹에 오른 선수들이 많았습니다. 지금 당장 그들과 승부를 볼 수 없겠지만 언젠가는 반드시 겨루겠다는 마음가짐으로 훈련에 임했지요. 그의 무기는 근면성실함, 밝은 태도였습니다. 이것이 바로 E 선수가 우수 실업

팀의 선수로 발탁된 이유입니다. 그렇게 E 선수는 3년 동안 팀에서 누구보다 열심히 훈련했습니다.

이후 E 선수가 속한 팀으로 출중한 실력을 갖춘 신입 선수들이 들어왔습니다. 그중에서도 유독 눈에 띄는, 압도적인 실력을 갖춘 한 선수는 입단과 동시에 관심을 독차지했습니다. 실력은 물론이고 E 선수의 무기였던 근면성실함과 밝은 태도까지 갖추고 있으니, 만인의 사랑을 받을 수밖에 없었지요.

E 선수는 왠지 이 선수가 마음에 걸렸습니다. 어느 날은 감독의 지시로 E 선수의 파트너와 해당 선수의 파트너가 바뀌었습니다. 새 파트너를 만나 훈련을 계속했지만, 합이 맞지 않아서 어려움을 겪었습니다. 실력도 점점 떨어지는 것 같았죠. 반면에 후배 선수는 E 선수의 옛 파트너와 훈련을 시작한 이후로 실력이 눈에 띄게 향상되어 많은 칭찬을 받았습니다. E 선수의 마음속에서는 빠른 속도로 불만이 자라나기 시작했습니다.

'왜 쟤가 저 자리에 있는 거지?'
'아, 훈련이 제대로 안 되잖아! 쟤만 아니면 옛 파트너와 계속 훈련할 수 있는데……'

스스로를 해치는 생각이 반복되고, 점점 더 부정적으로 번지자 E 선수의 실력은 점차 떨어지고, 자신감 역시 떨어졌습니다. 타인의 눈치를 보는 날이 늘어가고, 내가 해야 할 일에 집중하는 게 아니라 타인에게 집중하는 날이 잦아졌습니다. E 선수는 완벽하게 불행하다고 느끼고 있었습니다.

내가 없이 타인만 존재하는 삶은 틀림없이 불행하다

우리가 어느 분야에 있건 간에 나보다 실력이 월등한 사람이 있다면 그를 의식하는 건 당연한 일입니다. 그러나 의식하는 것을 넘어 비교하기 시작하고, 열등감까지 느끼기 시작하면 자신감과 자존감에 부정적인 영향을 끼칠 수 있습니다. 이럴 때일수록 '나'에게 집중하는 힘을 길러야 해요. 타인의 존재는 내가 통제할 수 없는 영역입니다. E 선수는 자신을 따라다니는 이 찝찝하고, 떨쳐내고 싶은 기분의 원인을 찾아냈습니다.

첫 번째는 통제할 수 없는 영역에만 신경 쓰는 것이었고, 두 번째는 내가 다른 사람에게 어떻게 보일까 과도하게 고민하는 것이었으며, 마지막은 그를 바탕으로 타인과 나를 끊임없이 비교하는 것이었습니다. 내가 지금 불편한 감정을 앓고 있다는 것, 그리고 이 감정은 나에게 도움이 되지 않는다는 것을 인식하는 게 중요합니다. 다음에는 이러한 마음이 나에게 어떤 영향을 끼치고 있는지 살펴보아야 합니다.

이 과정을 통해 E 선수는 자신에게 변화가 필요하다는 걸 깨달았습니다. 그는 개인의 발전과 성장을 위한 목표를 설정하며 타인에게 쏠린 신경을 자신에게 돌릴 수 있도록 노력했지요.

작은 것 하나하나에 집중하기

나에게 집중하기로 마음을 먹는다고 해서 바로 집중이 되는 건 아닙니다. E 선수는 타인에게 정신이 쏠리려고 할 때마다 자신의 목표를 떠올리며 작은 것 하나하나에 집중했습니다. 네트에 맞고 떨어진 셔틀콕을 줍는 일, 서브를 완벽하게 하기 위해 움직임 하나하나에 집중하는 일, 스트레칭을 할 때마다 근육이 움직임을 느끼는 일 등 오직 지금 이 순간에 하는 일에만 집중하면 비교는 사라지고, 부정적인 감정 역시 사그라들 것이라 믿었습니다. 실제로 변화는 일어났습니다.

내 안에는 여러 가지 다채로운 에너지가 존재합니다. 이 에너지를 긍정적으로 쓰느냐, 부정적으로 쓰느냐는 당신의 선택입니다. 부정적인 감정이 솟아오를 때, 잠시 모든 걸 멈추어 보세요. 사람이 하루에 쓰는 에너지에는 한계가 있습니다. 부정적인 에너지를 발산하면, 그만큼 긍정적인 에너지는 사용하지 못하게 됩니다. 이러한 기량을 강화하고 발전하는 데 집중했을 때 우리는, 목표 앞에 한 걸음 더 다가서게 됩니다.

E 선수도 그랬습니다. 지속적인 노력을 통해 생각을 행동으로 옮기며 조금씩 변화를 이루기 시작했습니다. 비교에서 출발한 부정적인 감정을 자신의 기량을 강화하고 발전시키는 데에 집중하도록 바꿨죠. 자신의 정신 상태를 안정시키고, 경기에 집중하면서 작은 성공 경험을 쌓았습니다. 또 그는 상대방의 약점을 빠르게 파악하고 이를 이용하는 전략적 사고 능력도 발휘했지요. 나만의 할 수 있는 강점을 찾아가기 시작하자 많은 것이 변했습니다.

어느 날 문득, E 선수는 후배 선수에 대한 악감정이나 질투에서 멀어졌다는 걸 깨달았습니다. 그가 경기에서 승리를 하고 돌아온 날에도 진심으로 축하해 줄 수 있는 여유도 가지게 되었습니다. 모든 게 나를 중심으로 돌아가니, 놀랍게도 E 선수는 팀원들과도 잘 지내고, 좋은 성과도 낼 수 있었습니다. 경쟁자가 있기에 더 열심히 노력할 수 있다는 사실을 알게 되었지요.

중요한 건 당신 잘못이 아니라는 것

인간은 사회적 동물입니다. 우리는 타인과의 상호작용을 통해 자아를 인식하고, 사회적 지위나 자신의 가치를 평가하게 됩니다. 나의 가치를 판단할 수 있는 가장 쉽고, 빠른 방법은 타인을 보는 것이에요. 이 과정에서 타인과 나를 자연스럽게 비교하게 되는 것이죠. 특히 경쟁이 치열한 스포츠 세계에서 타인과의 비교는 당연합니다.

사람에게 가장 큰 영향을 끼치는 것 중 하나는 내 주변을 구성하고 있는 환경입니다. 우리가 비교하는 사람으로 자랄 수밖에 없었던 건, 더 나아가 스스로를 깎아내리는 사람으로 자란 건 환경 탓도 있습니다. 중요한 건 내 잘못은 하나도 없다는 거예요.

유아기에는 '누구는 밥을 잘 먹는다더라', '누구는 말을 빨리 한다더라'와 같은 이야기를 듣고, 사춘기 때는 '누구는 키가 크더라', '누구는 공부를 잘하더라'와 같은 이야기를 듣게 되죠. 성인이 되고 나서도 비교는 끝이 없습니다. '누구는 어느 대학에 갔다더라', '어디 취직했다더라'. 결혼해서도, 아이를 낳고서도, 40대, 50대가 되어서도, 노년기에 접어들어서도 비교는 끝도 없이 이어집니다. 그리고 이러한 류의 비교는 긍정적인 기억보다 부정적인 기억을 더 많이 심어주죠. 이러한 기억과 그때의 감정이 내 안에 쌓여 조금만 신호가 와도 나쁜 감정을 불러내는 거예요. 그 안에는 스스로를 깎아내리는 비교가 있는 것이고요. 일종의 각인인 것입니다.

그러니 비교를 멈추려고 하지 말고 비교를 긍정적으로 활용하려고 해보세요. 그렇게 스스로에게 집중하세요. 그동안 경험하지 못했던 여유가 당신에게 깃들 거예요.

결국 사람이 사람을
낫게 한다

선수들과 상담을 진행하다 보면 결국 우리를 가장 괴롭게 하는 존재는 사람이 아닐까, 생각합니다. 사람 덕분에 웃다가도 사람 때문에 울게 되지요.

왜 우리가 자주 하는 말이 있죠. '일은 괜찮은데 사람이 안 괜찮다'는 말이요. 이는 당연한 거예요. 일은 내가 통제할 수 있는 영역에 가깝고, 사람은 내가 통제할 수 없는 영역이니까요.

그렇다면 사람 때문에 괴로울 때 우리는 어떻게 해야 할까요? 어떤 선택을 할 수 있을까요?

결국 모든 건 사람이 하는 일이다
: 태권도선수 F

태권도선수 F도 사람 때문에 어려움을 겪고 있는 사람입니다. 태권도를 좋아해서 오직 태권도에만 집중하고 싶은 마음이 굴뚝 같았지만 주변 동료들과의 불화, 괴롭힘으로 운동을 포기할 위기에 처해 있었죠. 누군가는 고작 사람 때문에 좋아하는 걸 포기하느냐는 질문을 할 수도 있으리라 생각합니다. 그러나 이 질문은 다소 위험한 질문입니다.

아주 작은 가시로 누군가 나의 손가락을 한 번 찌른다고 해 볼까요. 처음에는 괜찮을 거예요. 어쩌면 내가 찔렸다는 걸 모를 수도 있습니다. 하지만 계속 찌른다면 어떻게 될까요? 10번, 100번, 아마도 피가 철철 흐를 겁니다. 아플 거예요. 손가락은 너덜거릴 거고, 견딜 수 없을 만큼 고통스러울 겁니다. 다시는 저 작은 가시를 보고 싶지 않을 거예요. 사람이 사람을 괴롭게 하는 건 이런 거예요. 처음에는 참을 수 있지만 결국 모든 걸 포기하게 만드는 것. F 선수의 상황이 그랬습니다.

F 선수는 훈련에 임하면서도, 생활하면서도, 매분 매초 사람들의 눈치를 보고 있었고, 위축돼 있었습니다. 연습 경기나 본 경기에 나갈 때도 지금 해야 할 일에 집중하기보다 외로움이나

공허감 같은 손에 잡히지 않는 감정, 그리고 타인의 기분이나 주변 사람들의 행동에 신경을 쓰느라 경기에 집중하지 못했죠. 어느 한 사람이, 그것도 운동선수가 심리적으로 어마어마한 압박감을 느끼면 그 아무리 실력이 출중한 선수라고 하더라도 눈치를 보느라 아무것도 하지 못합니다. 부정적인 신념이 똬리를 틀게 되지요. 사람은 정말 똑똑한 동물이라서 누가 나를 좋아하고, 누가 나를 싫어하는지 정확히 알아차립니다. 특히나 누군가 나를 좋아하지 않는 감정, 즉 싫어하는 감정은 정확히 알아차려요. '내가 여기서 인간으로서 존중받지 못하고 있구나', '내가 무시를 받고 있구나', '나의 말은 어디에도 닿지 않는구나'. F 선수의 마음속에는 이런 이야기만 가득 차 있었을 겁니다.

부정적인 상황은 계속 반복되었고 이는 당연히 부정적인 결과로 이어질 수밖에 없었지요. 이는 결국 운동해야 하는 이유, 동기마저 상실하게 만들었고, 이윽고 F 선수는 자신이 태권도에, 운동에 재능이 없는 선수인지 의심까지 하기 시작했습니다.

지금 F 선수에게 필요한 건 혼자서 어려움을 감당하는 것이 아니라 팀 내 동료들과 함께 지원체계를 구축하는 것이었습니다. 하지만 이는 F 선수가 통제할 수 있는 부분이 아니라 상당히 어려웠지요. 여러 가지 방법을 고민하며 F 선수와 대화를 나누는데, 저는 순간 희망을 보았습니다. 바로 같은 팀에 그와 성격이 비슷한 선배가 있다는 사실이었습니다. F 선수는 선배에게 먼저 다가가기 위해 감정을 표현하는 연습을 시작했습니다.

한 발자국만 나아가면 다른 세상이 보인다

F 선수는 정말 조용한 사람입니다. 하지만 조용하다고 해서 내면에 들끓는 뜨거움이 없는 건 아닙니다. F 선수는 지금 이 상황에서 벗어나고 싶다는 열망으로 가득 차 있었고, 태권도를 다시 한번 붙들고 싶다는 욕망이 있었습니다.

그는 팀 내 갈등 상황에서 벗어나고, 위태로운 심리를 안정시키기 위해서 지금 내가 느끼는 감정을 표현하는 연습을 해야만 했습니다. 사실 내가 나의 감정을 정확히 콕 짚어내는 건 어려운 일입니다. 제가 지금 이 책을 읽고 있는 당신에게 '지금 느끼는 감정과 기분을 표현해 보라'라고 한다면 아마 조금은 난감할 거예요. '좋다', '별로다', '싫다', '우울하다'. 대체로 두루뭉술하게 이야기할 가능성도 높고요. F 선수도 그랬습니다. 말하는 걸 어려워하고, 입만 꾹 다물고 있기도 했지요.

이를 극복하기 위해 F 선수는 매일 내가 느끼는 감정과 상황을 간단하게 기록하며, 감정을 인식하고 관리하기 위해 마음일기를 쓰기 시작했습니다. 자신의 감정, 생각 등을 기록하고 그것들을 객관적으로 마주하고자 했지요. 또 혼자 있을 때 자기 자신과 대화를 나누는 연습을 했습니다. 이를 통해 자신의 감정과 생각을 정리하고, 다른 사람에게 표현하기 전에 자기대화를 통해 반드시 준비하는 과정을 거쳤지요. '나는 왜 이런 감정을 느꼈지?', '어떻게 말을 걸지?'라고 고민하며 평소에 자주 마주하게 되는 상황을 명확히 그리고, 대답하는 연습을 했습니다.

물론 마음일기를 쓰고, 자기대화를 한다고 해서 표현력이 바로 늘지는 않습니다. 이 2가지만으로는 당연히 부족합니다. 그래도 저는 이쯤에서 선배에게 한번 말을 걸어보라고 F 선수에게 제안을 했습니다. 그는 아직은 때가 아니라고, 부족하다고 말했지만 저는 더 이상 물러나서는 안 된다고 단호하게 대답했지요.

때로는 아직 준비가 되지 않은 것 같아도 다음 단계로 나아가야만 할 때가 옵니다. F 선수는 그 시기에 도착해 있었습니다.

시간과 에너지를 돈으로 생각하기

F 선수는 선배에게 먼저 말을 걸지 않았습니다. 말을 거는 대신 음료수를 조심스럽게 건네었지요. 그렇게 선배와 아주 조금씩 가까워지기 시작했습니다. 그날 이후로 선배는 F 선수에게 먼저 말을 걸거나, 이동할 때 챙겨 주기도 했지요. 다른 지역에 경기하러 갈 때도 선배와 같은 방을 사용하고요. 선배는 F 선수에게 친해지고 싶었지만 기회가 없었는데, 이렇게 이야기할 수 있어서 다행이라는 이야기를 하기도 했습니다. F 선수의 얼굴이 날이 갈수록 밝아졌죠.

F 선수는 한 번 더 용기를 내기로 했습니다. 코치에게 도움을 요청해서 자기를 괴롭히는 일부 선수들과 거리를 둔 것입니다. 그러자 괴롭힘의 강도는 조금씩 감소하기 시작했습니다. F 선수는 점차 안정을 찾아가고 있었습니다.

F 선수는 태권도를 계속하기로 결심했습니다. 그는 태권도가 참 좋았습니다. 발차기할 때만 느낄 수 있는 허공을 가르는 감각, 경기를 뛰기 전의 설렘. 그는 지금 나의 실력을 키우는 것이 자신감을 가질 수 있는 가장 좋은 방법이 아닐까, 생각했습니다. 다시 한번 목표를 설정하고, 주변의 불필요한 것들에게 신경 스위치를 끄려고 노력하며 오직 해야 할 일에만 집중했지요.

F 선수는 더 나아가 큰 깨달음을 얻었습니다. 그는 사람이 하루에 쓸 수 있는 에너지가 어느 정도 제한돼 있다는 걸 깨달았습니다. 그는 자신의 에너지가 어디로 빠져나가고 있는지를 체크하는 게 새삼 중요하다고 느꼈지요. 그는 그동안 사람에게 너무나도 많은 에너지를 쏟았다고 이야기했습니다. 에너지는 눈에 보이지 않기에 양을 명확하게 파악할 수는 없습니다. 그래서 그는 에너지의 양을 돈의 가치로 환산하려고 했습니다. 즉, 에너지를 돈으로 생각하는 것입니다. 나의 시간과 에너지가 소중하고, 한정적이라는 걸 인지하고 그것을 어디에 사용할지 신중하게 선택하는 것이 중요하다는 걸 깨달은 거지요. F 선수는 타인의 기분이나, 감정, 생각, 의도 등을 과하게 추측하고 생각할 때마다 '시간은 돈이고, 에너지도 돈이다. 나는 지금 돈과 에너지를 낭비하고 있는 것이다'라고 생각하며 해야 할 일에 집중하도록 노력했습니다. 실제로 이렇게 생각하니 부정적인 영역에 불필요하게 에너지를 쓰는 게 줄어들었지요.

자신을 괴롭히던 대인관계의 문제가 어느 정도 해결되고, 스스로 깨달음도 얻게 되자 그는 보다 더 미래지향적인 생각을 하게 되었습니다. 어떻게 해야 꿈과 목표를 이룰 수 있을지, 어떻게 해야 자신감을 가질 수 있을지 고민하기 시작했습니다. 관계에 대한 문제가 가장 큰 걸림돌이었던 F 선수에게 이러한 변화는 새롭고, 눈부신 미래를 가져다 준 것이나 다름 없었습니다. 이제 그는 사랑하는 태권도를 향해 오롯이 나아갈 수 있게 된 것이지요.

F 선수와의 이번 상담을 통해서 알 수 있는 건 자기 자신의 노력과 주변 사람들의 도움, 이 둘의 조화가 참 중요하다는 것입니다. F 선수가 문제를 해결할 수 있었던 가장 큰 이유는 주변 사람들 덕분이었지요. 선배의 도움, 코치의 도움이요. 정말 고맙게도 F 선수는 저와 한 상담도 많은 도움이 되었다고 이야기해 주었습니다.

저는 F 선수가 정말이지 고맙습니다. 사실 인간관계 문제는 해결하기가 정말 어려운 문제입니다. 현역 농구선수로 활동하던 시절의 저도 인간관계 문제를 극복하지 못했던 아픈 기억이 있습니다. 그래서인지 F 선수가 이 모든 고통을 극복해내고, 다시 운동을 사랑하게 된 것이 저에게는 이루 말할 수 없는 기쁨이 되었습니다.

여전히 인간관계에 대한 어려움으로 힘들어하고 있는 분들이 많으리라 생각합니다. 저는 당신이 혼자서만 너무 힘들어하지 않았으면 좋겠습니다. 당신이 너무 많은 시간을 홀로 고민에만 빠져 있지 않기를 바랍니다. 조금만 주위를 둘러보면 당신을 있는 힘껏 응원하는 사람들이 곁에 있습니다. 지금 한번 생각해 보세요. 나에게 도움을 줄 수 있을 것만 같은 사람을요. 단 한 사람이어도 좋습니다.

오직 나 자신에게 집중할 수 있게 도움을 주는 〈집중력 TEST〉입니다. 타이머를 설정하고, 0~99까지 순서대로 번호를 체크해 보세요. 시도할 때마다 최종 시간 이 줄어든다면 집중력이 향상되고 있다는 신호입니다.

13	89	33	74	26	72	08	10	56	00
78	62	12	25	85	59	17	86	01	87
90	46	05	75	98	40	88	35	51	28
95	29	71	47	84	11	45	64	16	55
32	24	18	91	09	34	02	73	41	44
54	77	76	38	61	21	79	22	80	31
43	14	52	70	20	03	66	65	04	57
30	96	19	06	69	68	36	27	58	92
97	23	99	48	83	07	82	81	63	15
60	94	53	39	37	93	49	42	67	50

〈집중력 TEST 1〉

이름	측정일	최종 시간

04	53	24	39	01	18	50	31	76	40
70	08	57	49	38	22	10	64	23	68
34	54	33	32	21	43	52	11	06	86
66	25	56	00	67	87	60	37	98	51
35	79	15	58	20	02	30	90	74	36
17	46	77	55	85	69	73	61	42	99
80	71	26	59	44	82	03	12	83	65
47	63	45	27	14	95	92	89	97	07
78	16	72	09	28	93	19	96	13	75
05	81	48	94	88	29	84	62	91	41

〈집중력 TEST 2〉

이름	측정일	최종 시간

"선수 생활을 하는 동안 나는 9,000개 이상 슛을 놓쳤다.

거의 300회의 경기에서 패배했다.

경기를 뒤집을 수 있는 슛을 할 것이라 믿었지만 26번 놓쳤다.

나는 살아오면서 계속 실패를 반복했다.

그것이 내가 성공한 이유다."

– 전 미국 농구선수 마이클 조던

3장

실패하는 마음

✖ *01* 포기를 선택한 사람 VS.
포기에게
선택받은 사람

유도가 삶의 전부인 선수가 있습니다. 훈련이 일상이고, 일상이 곧 훈련인 사람, 유도선수 G입니다. 그는 공식 훈련 외에도 야간과 새벽에 개인 훈련을 했고, 꿈을 위해 부지런히 달렸습니다. 그러나 과도한 훈련 때문일까요. 갑작스럽게 찾아온 어깨 부상으로 운동을 중단해야만 했습니다. 꾸준한 치료와 재활 훈련에도 불구하고 몸 상태는 개선되지 않았고, 오히려 점점 더 악화되었지요.

G 선수 꿈을 위해서 많은 걸 포기했어요. 쉬지 않고 달려왔습니다. 그에 대한 대가가 부상이라니……. 삶의 의미가 없어진 것만 같아요. 이제 다시 경기에 나갈 수 없을 것

만 같아 두렵습니다.

G 선수는 갑자기 눈앞에 떨어진 커다란 장애물 때문에 앞이 보이지 않는 상태였습니다. G 선수가 나아갈 길을 찾지 못하고 헤매고 있는 건 당연합니다. 장애물 뒤에 숨어 있는 길을 보려고 하는 대신, 오직 눈앞의 장애물만 응시하고 있기 때문이지요.

내일이 오늘보다 나은 날이 될 수 있도록

우리는 모두 꿈과 목표를 향해 달려갈 때 예상치 못한 장애물을 만나고, 부딪히고, 고꾸라질 수 있습니다. 그 순간에는 모든 것이 무너지는 것처럼 느껴지고, 그동안 쏟아부은 노력이 헛된 것처럼 느껴질 수 있지요. 하지만 여기에서 중요한 것은 이러한 장애물과 실패가 우리의 끝이 아니라 새로운 시작이 될 수 있다는 겁니다.

두려움과 불안에 직면해 있을 때는 자기 자신을 탓하기보다 나를 돌아보고, 성장할 기회로 삼을 수 있는 방법을 모색하려는 태도가 필요합니다. 부상이나 실패는 우리의 꿈을 향한 열정을 시험하는 시련일 뿐, 결코 포기해야 할 이유가 되지 않습니다.

내일이 오늘보다 나은 날이 될 수 있도록, 지금 자신에게 필요한 것이 무엇인지 진지하게 고민해 보세요. 어쩌면 새로운 목표를 설정하고, 다른 방식으로 꿈을 향해 나아갈 때가 온 건지도 모릅니다. 우리는 때때로 처음에 옳다고 생각했던 길이, 또 오직 하나뿐이라고 생각했던 길이 전부가 아니라는 것을 깨닫게 됩니다. 다양한 길이 있고, 무궁무진한 가능성이 있으며 어떤 경우에는 길을 틀기 위해 과감히 핸들을 돌릴 수도 있습니다. 그렇게 다시 방향을 잡았을 때 큰 성장과 발전이 기다리고 있다는 걸 당신은 기억해야 합니다.

또 이러한 과정에서 자신만의 속도를 인정하는 것이 중요합니다. 사람이 10명 있으면 1,000개 아니 10,000개, 100,000개의 길이 있습니다. 즉, 내가 가야 할 길을 찾아서 자신에게 맞는 속도로 나아가는 게 중요합니다. 다른 사람과 비교하기보다 나의 개인적인 성장과 발전에 집중하세요. 그것만으로도 충분합니다.

포기를 선택한 사람 VS. 포기에게 선택받은 사람

상담을 진행하며 정말이지 많은 선수들을 만납니다. 운동을 그만둔 선수, 그만두려고 하는 선수, 그만두었다가 다시 돌아온 선수도 보게 되지요. 그리고 저는 그들을 보며 포기에 대한 새로운 시각을 가지게 되었습니다.

포기를 선택한 선수들과 포기에게 선택받은 선수들은 다릅니다. 전자는 해볼 만큼 해본 선수들의 경우예요. 모두가 그의 노력을 인정합니다. 주변에서 '그래, 그만하면 됐어'라고 말려도 끝까지 하는 사람들이죠. 그들은 회피하지 않습니다. 이 모든 어려움과 두려움과 걱정을 마주한 채로 어쩌면 내가 그토록 원하는 것을 이루지 못할 것이라는 걸 가늠하면서도 당당히 마주해 자신의 모든 것을 다 쏟아냅니다. 그리고 딱 한마디로 모든 걸 마무리합니다.

"최선을 다했기에 미련은 없습니다."

저는 이것이 진정한 포기이자, 아름다운 포기라고 생각합니다. 남들이 보기에 결과가 썩 좋지 않을 수 있겠지요. 하지만 최선을 다한 사람만이 쟁취할 수 있는 게 있습니다. 결과가 좋든, 좋지 않든 오직 나만이 알 수 있는 노력 말입니다. 그 노력을 아는 자가 다음에 무엇을 하든 잘할 수 있습니다. 노력에도 내성이 있기 때문이지요.

반면에 후자는 회피를 포기라고 착각하는 경우입니다. 즉, 나의 목표 앞에서 안 되는 이유부터 찾아서 그곳으로 도망치는 사람들이에요. 훈련 시간에 집중하지 못하고, 훈련할 시간에 게임을 하거나 SNS를 하면서 오늘 하루 안에 해야 할 일을 하지 않는 경우. 그렇게 하면서 나에게 기회를 주지 않는다면서, 기회를 주지 않는 사람을 원망하고, 노력하지 않고, 쏟아내겠다는 각오로 싸우지 않는 경우. 즉, 끝까지 달려 보지도 않고 안 될 것이라고 미리 지레짐작해서 멈춰 버린 것. 이들을 저는 포기가 선택한 사람들이라고 부릅니다.

포기에게 선택받지 않는 법

앞서 말한 G 선수는 전자의 경우입니다. 그는 상담과 함께 재활 훈련에 돌입했고, 그를 통해 단계별로 목표를 설정하며 할 수 있는 모든 걸 했습니다. 그렇게 길고 긴 재활을 마치고, 조급함을 내려놓은 채 여러 경기에 참가했지요. 하지만 부상은 또 다시 그를 괴롭혔고, 그는 결국 선수 생활을 정리하기로 결정했습니다. 그렇게 현역 시절, 마지막 경기를 마친 G 선수는 시원하게 웃으며 말했습니다. 쓸쓸함은 조금도 보이지 않았습니다.

"이제 운동만 아니면 뭐든 다 잘할 수 있을 것 같네요."

모두가 G 선수를 보고 말합니다. '저 사람은 할 수 있는 건 다 했구나', '당당히 끝을 마주했구나', '무엇보다도 회피하지 않았구나'. 그렇기에 그의 선택 앞에서 아무도 더해보라고, 포기하지 말라고 말할 수 없었습니다. 이후 G 선수는 유도선수 생활을 정리하고, 재활 치료를 하며 학교에 복학했습니다. 그리고 이후 치러진 중간고사, 한 달 동안 한국사 시험만 공부한 G 선수는 만점을 맞았다는 소식을 전했습니다.

한번 제대로 된 노력을 해본 선수들은 어느 분야에 가든, 무엇을 하든 월등하게 잘할 확률이 높습니다. 성실함과 인내가 자기 안에 쌓여 있기 때문이지요. 특히 공부라는 것이 더욱 그렇습니다. 공부와 운동은 비슷한 지점이 있습니다. 반복이죠. 운동선수들은 반복이라면 신물이 날 정도로 해본 사람들이에요. 그렇기에 운동이 아닌 다른 영역에서도 끝없는 반복으로 월등한 성과를 내기 쉽습니다.

저는 당신이 끝까지 달려 봤으면 좋겠습니다. 끝을 생각하지 말고, 할 수 있는 모든 걸 쏟아부었으면 좋겠습니다. 그래야 끝을 마주해도 마음 편안하게 마주할 수 있고, 끝 다음에 새로운 시작이 있다는 걸 알 수 있으며 내 안에 쌓인 노력할 줄 아는 힘이 그 시작을 한결 수월하게 만들어 주기 때문입니다. 포기에게 선택받지 마세요. 끝까지 해서, 마지막에 도달해서, 끝의 끝을 본 다음에 포기를 선택하는 사람이 되세요.

왜 나는
나를 의심할까?

우리는 왜 자기 자신을 의심할까요? 지금 내가 선택한 이 길이 맞는지, 지금 나의 이 선택으로 앞으로 후회하지는 않을지, 내가 괜찮을지, 여러 번 되뇌게 되지요. 그것은 우리 삶 자체가 과정이기 때문에 그렇습니다. 결과를 알 수 없기에 그래요. 세상을 살아가는 우리에게 사실 완성이라는 건 없습니다. 우리 모두가 명확히 알 수 있는 삶의 결말은 오직 죽음뿐입니다. 태어나는 사람은 반드시 죽는다. 이것만이 우리가 알고 있는 진실입니다.

빵을 구울 때도 보면요. 빵을 굽기 전에 반죽하고, 기름을 바르고, 오븐에 넣고, 부푸는 과정을 거쳐야 비로소 빵이 됩니다. 빵이 될 때까지 기다리는 시간이 필요해요. 그걸 기다리지 못하고 내 빵이 잘 완성될 수 있을까 걱정하는 마음에 의심하고, 오

븐에 넣었다가 뺐다 하면 빵이 절대 완성되지 않습니다. 우리가
선택한 일도 마찬가집니다. 한번 발을 들이면 뒤돌아보지 말아야 해
요. 완성될 때까지 앞만 보고 달려야 합니다. 과정 중에 내리는
평가는 의미가 없어요. 과정 안에 있는 나부터 변하기 시작하니
까요. 또 과정 안에서 완벽할 수 있는 사람은 이 세상에 아무도
없으니까요. 그렇기에 세상을 살아가는 인간들은 모두 불완전
할 수밖에 없습니다.

매사에 평가하는 습관을 버리기

상담할 때 선수들을 보면 우리에게는 평가하는 습관이 내재돼
있는 듯합니다. '잘될까, 안 될까?', '빵이 잘 구워질까, 망하면 어
쩌지?'. 의심하고, 평가하는 게 우리의 삶과 태도에 각인되어 있
어요. 이는 어떻게 보면 학습의 효과이기도 합니다. 과거의 경험
을 통해 체득한 것이지요. 또 과거의 경험이 부정적일 때, 같은
실수를 반복할까 걱정될 때 우리는 더 많이 지레짐작하고, 평가
합니다. 즉, 평가라는 건 불안에서 시작한 평가인 것입니다.

그래서 선수들은 경기 하나가 끝나고 나면 반드시 자기평가
를 실시합니다. 내가 이 경기에서 배운 게 무엇인지, 내 마음은

어땠는지, 다음에는 무엇을 해야 하는지 반드시 확인해요. 경기에서 우승을 하거나, 기록 갱신을 하는 등 원하는 결과가 나오면 너무나 좋겠지만 그러한 경우는 흔치 않죠. 보통 부정적인 결과를 마주할 때가 훨씬 많습니다.

그리고 시간이 어느 정도 흐르고 나면 결과만큼이나 부정적인 감정도 짙게 남게 되고, 비슷한 상황을 마주해 새로운 도전에 임해야 할 때 과거의 경험과 부정적인 감정을 끌고 와 판단하게 되지요.

'지난 시합처럼 되면 어떡하지?'
'여기에서 지면 어떡하지?'

섣부른 판단과 내 감정에 악영향을 끼치는 나쁜 말들은 결국 부정적인 결과를 낳게 되고, 그렇게 무한 루프에 빠지게 됩니다. 그래서 이러한 루프를 미연에 방지하기 위해서 반드시 사후 점검을 해야 합니다.

1. 지금 당신의 마음은 어떤가요?

2. 경기에서 무엇을 배웠나요?

3. 경기에서 잘한 건 무엇인가요?

4. 경기에서 아쉬웠던 건 무엇인가요?

5. 경기에서 가지고 가고 싶은 건 무엇인가요?

6. 경기에서 버리고 가고 싶은 건 무엇인가요?

7. 경기가 끝난 후 어떤 기분이 들었나요?

8. 당신의 다음 목표는 무엇인가요? (Goal)

9. 당신은 이제 무엇을 해야 하나요? (Action)

이 자기점검표는 직장인이나 학생들도 충분히 적용할 수 있습니다.

◆ **프로젝트 후 자기점검표** ◆ *직장인, 학생용

1. 지금 당신의 마음은 어떤가요?

2. 프로젝트에서 무엇을 배웠나요?

3. 프로젝트에서 잘한 건 무엇인가요?

4. 프로젝트에서 아쉬웠던 건 무엇인가요?

5. 프로젝트에서 가지고 가고 싶은 건 무엇인가요?

6. 프로젝트에서 버리고 가고 싶은 건 무엇인가요?

7. 프로젝트가 끝난 후, 어떤 기분이 들었나요?

8. 당신의 다음 목표는 무엇인가요? (Goal)

9. 당신은 이제 무엇을 해야 하나요? (Action)

딱 한 줄이라도 좋으니, 적어 보세요. 그것만으로도 엉켜 있던 생각이 정리되는 효과를 볼 수 있습니다.

사람들의 기대와 관심 속에서 살아남기
:피겨스케이팅 선수 H

H 선수는 어린 시절, 아버지와 함께 〈2010 밴쿠버 동계올림픽〉 경기를 보던 중 한 선수에게 마음을 빼앗기고 말았습니다. 처음 스케이트화를 신던 순간도, 처음 빙판 위에 발을 디디던 순간도 아닌, 그날이 바로 피겨스케이팅 선수로서 살아가기 시작한 첫 날이었다고 말합니다. 그 선수는 빙판 위에서 눈부신 나비처럼, 마치 날아다니는 것처럼 아름답게 연기하던 김연아 선수였습니다. 그는 김연아 선수를 보면서 피겨스케이팅이라는 장르를 알게 됐고, 그렇게 폭발적인 끌림이라는 것이 무엇인지를 깨달

았습니다. 마치 피겨스케이팅을 만나기 위해 이 세상에 태어난 것만 같았죠.

끌림과 재미로 시작한 피겨스케이팅은 당연히 생각보다 쉽지 않았지만, 그래도 모든 게 재미있었지요. 미끄러운 빙판 위를 걸어 다니는 것, 점프를 배우는 것 모두 흥미로웠습니다. 그 누구보다 빠르게 그 과정들을 소화하며 주변의 이목을 끌었지요. 시간이 흐르면서 그는 유망주로 떠올랐고, 주변 사람들의 기대와 응원을 받게 되었습니다. 모두가 운동을 정말 잘한다고, 타고났다고 말할 정도였죠.

사람들의 관심과 기대, 응원은 좋은 것입니다. 그러나 이는 그만큼 견디기 어려운 부담감으로 변하기 쉬운 존재입니다. 100% 좋은 건 이 세상에 없습니다. H 선수는 연습하면 할수록 극심한 두근거림, 압박감으로 어려움을 겪었습니다. 그러다 보니 실수를 자주 하고, 자신의 능력에 대한 의심은 커지고, 이는 경기 중에 긴장감을 높여 실력을 제대로 발휘하지 못하게 만들었지요.

관심과 기대는 외부에서 만들어진 것이지만, 부담감은 내부에서 만들어진 것입니다. 즉, 사람들이 나에게 주는 기대에 충족하고자 하는 마음과 인정받고 싶다는 마음이 부담감으로 변한 것이지요. 하지만 이 부담감이라는 건 내가 선택할 수 있습니다.

내가 만들었기 때문에 그래요. '나는 여기까지만 할 수 있다', '내 목표는 여기다', '어쩔 수 없는 건 어쩔 수 없는 거다', '저들의 기대는 나의 기대가 아니다'라고 이렇게 딱 의식적으로라도 선을 그어야만 합니다. 부담감은 무의식이 만들어 낸 것이므로 이 무의식이 만들어 낸 생각이 꼬리에 꼬리를 물어서 부정적인 마인드셋이 되고 맙니다. 이게 행동으로 연결되지요. 생각은 바로 몸으로 나타나니까요.

하지만 냉정하게 현실을 바라보면 H 선수가 기록 갱신이든, 국내대회에서 수상을 하든 간에 사람들은 H 선수만큼 그 결과에 기뻐하지 않을 겁니다. 사람들에게 H 선수의 성취는 순간일 뿐이에요. 당연합니다. 남의 일이기 때문이지요. H 선수가 꼴찌를 해도 마찬가지예요. 사람들은 순간에만 안타까워하지, 그 이후에는 없던 일처럼 각자의 삶을 살 겁니다.

받아들이세요. 기대는 기대로 두고, 부담감을 내 마음속에 집어넣으려고 하지 마세요. 부담감을 선택하지 마세요.

자기의심을 버리는 3가지 방법

그렇다면 불필요한 자기의심을 버리기 위해서 우리는 무엇을 할 수 있을까요? H 선수와 저는 자기의심을 버리는 3가지 방법을 구축했습니다.

◆ 임계점의 존재를 인식하다 ◆

훈련은 시간이 흐를수록 점점 더 힘들어졌습니다. 실력이 올라갈수록 H 선수가 수행해야 할 어려운 기술도 늘어갔습니다. 그리고 그 앞에서 수없이 넘어지고 실패를 맛보았지요. 이는 당연한 겁니다. 임계점에 도달했기 때문에 그렇습니다. 임계점은 물리학 용어로 물질의 구조와 성질이 전혀 다른 존재로 바뀔 때의 압력과 온도를 의미합니다. 김연아 선수가 했던 유명한 말이 있죠. 물은 99도에서는 절대 끓지 않는다고, 물이 끓으려면 반드시 1도가 더 필요하다고요. 임계점을 넘으려면 그에 상응하는 압력과 온도가 필요합니다. 그만큼 많은 공력이 있어야겠죠. 하지만 임계점을 넘으면 전과는 완전히 다른 존재가 됩니다. 임계점은 우리의 삶에도 적용해 볼 수 있습니다. 무언가에 도전할 때, 내가 무언가를 간절히 원해서 성취하고자 할 때는 반드시 넘어야 하는 임계점이 필연적으로 다가옵니다.

불가능해 보이는 목표 앞에서 H 선수는 자신을 의심하기 시작했습니다. 그러나 그것이 바로 H 선수가 진정으로 원하는 것이 무엇인지 다시 생각하게 만든 계기가 되었습니다. 그 기술을 누구보다도 잘하고 싶기에, 완벽하게 해내고 싶기에, 그 마음이 의심을 만들어낸 것입니다. H 선수에게도 임계점을 넘어야 하는 시간이 찾아온 것이지요.

한참을 고민하던 어느 날, H 선수는 다시 한번 김연아 선수의 경기가 담긴 영상을 찾아 보았습니다. 그때 느꼈던 감동과 두근거림, 그리고 무엇보다 '나도 할 수 있다'라는 생각이 다시금 떠오르며 솟구쳐 올랐습니다. 그 순간, H 선수는 자신이 왜 피겨스케이팅을 시작했는지, 그리고 자신이 이루고자 하는 목표가 무엇인지를 다시금 깨달았습니다.

H 선수는 임계점 앞에서 자기의심을 만나 하염없이 흔들리고 있었습니다. 마치 김연아 선수가 그랬던 것처럼 말이죠. 하지만 여기에서 포기하면 안 됩니다. H 선수는 다시금 훈련을 시작했습니다. 어려운 점프를 마주할 때마다 김연아 선수도 통과한 길이라고 생각하며 마음을 다잡았죠.

◆ 실패보다 성취에 초점을 맞추기 ◆

피할 수 없는 걸 피하려는 노력은 하지 말아야 합니다. 특히 실패가 그렇습니다. 실패는 피하려고 해도 피할 수 없습니다. 우리는 반드시 실패합니다. 뛰어난 운동선수들도 마찬가지예요. 당신의 머릿속에 떠오르는 유명한 선수들을 떠올려 보세요. 그들도 실패했습니다.

하지만 실패를 다루는 방식을 바꾸는 것만으로도 많은 게 바뀝니다. 어쩌면 인생이 바뀌는 순간이 될지도 모릅니다. H 선수는 훈련하면서 반드시 마주하게 되는 실패들을 덤덤하게 받아들이기 위해, 자신이 이룬 성취에 집중하기 시작했습니다. 이러한 시도는 그의 자신감을 다시 쌓아 올리는 데 결정적인 역할을 했지요.

'실패하면 뭐? 실패할 수 있지. 하지만 계속 하다 보면 실패하지 않을 거야.'

'지금까지 했던 것들을 생각해. 과거에 이 동작을 성공했기 때문에 이 동작으로 넘어올 수 있었고, 실패도 할 수 있는 거야.'

'그래, 맞아. 실패도 아무나 하는 게 아니지.'

H 선수는 체득하고 싶은 동작에서 번번이 실패하고, 무너질 때마다 스스로에게 말했습니다. 그의 말은 내면에 쌓여 점점 믿음이 되었지요. 여기에서 '믿음'의 중요성이 드러납니다. 스스로에 대한 믿음이 없다면, 목표를 향해 나아가는 동력이 약해집니다.

H 선수는 주요 국내 대회에서 개인 최고 기록을 갱신하는 등

모두가 극찬한 성취를 이룬 적이 있습니다. 팀을 대표하여 우승을 이끈 경험도 있었습니다. 이러한 성취들은 그가 단순히 좋은 성적을 거둔 것을 넘어서 설정한 목표를 달성할 수 있다는 자신감을 심어 주었습니다. 이는 곧 확신으로 이어졌죠. H 선수가 실패를 경험할 때마다, 그는 이러한 성취들을 떠올리며 자신에 대한 믿음을 다시 확인했습니다. 이러한 태도는 H 선수가 더 높은 목표를 향해 도전하는 데 필수적인 요소가 되었습니다.

◆ 실패를 배움의 기회로 삼기 ◆

어느 날, 저는 H 선수에게 질문을 하나 했습니다.

상담사 실패를 통해 성장한다는 말을 믿어요?

H 선수 음, 믿으려고 해요. 연습할 때 제가 하고 싶은 동작이 계속 안 되면 무서워요. 영원히 안 될 것 같아서요. 그런데도 계속해요. 계속하다 보면 어느 순간 제가 원하던 동작을 하고 있어요. 처음에는 좌절도 많이 했죠.

그런데 저에게 가장 많은 가르침을 준 건 실패예요. 무엇이 부족한지, 어떤 점을 개선해야 할지를 알려 준 거예요. 그것들을 하나씩 고치니까 점프가 되는 거예요. 지금 생각해 보면 다 저에게 필요했던 거였어요.

어느새 H 선수는 실패를 긍정적으로 해석하는 방법을 배우고, 이를 통해 자신의 두려움과 의심을 극복하는 법을 알아가고 있었습니다. 그리고 어느 틈에 성장했습니다. 실패를 단순히 실패라고 정의하지 않고, 나만의 목표, 꿈으로 가는 길에 반드시 거쳐야 하는 '경험'이라고 정의하는 건강한 태도가 H 선수의 성장으로 이어진 것입니다.

H 선수에게 고난과 역경은 원하는 것을 이루기 위한 필수적인 과정입니다. 고난과 역경 없이 꿈을 이루고 목표를 달성한다는 건 불가능에 가깝다는 것을 그는 잘 알고 있습니다. 이러한 깨달음은 H 선수에게 큰 위안을 줍니다. 왜냐하면 고난과 역경이 존재한다는 것 자체가 원하는 것을 이룰 수 있다는 가능성을 의미하기 때문입니다.

의심이라는 건 한 번 튀어나오기 시작하면 내가 어디에 있든, 무얼 하든 튀어나옵니다. 우리는 이 의심을 받아들여야 해요. '내가 지금 불안하구나', '잘하고 싶구나', '괜찮아' 하고 스스로를 다독이는 겁니다.

가끔 보면 산다는 건 참 억울하지요. 나의 눈물겨운 노력이 내가 원하는 결과로 나타나지 않고, 타이밍은 항상 어긋나고, 그러나 삶은 원래 억울한 것이고 불공평한 것입니다. 꿈의 여정은 직선으로만 쭉 뻗어 나가지 않아요. 울퉁불퉁 굽이치면서 엉금엉금 기어가는 거예요. 그렇게 갑자기 날아오르는 순간이 반드시 찾아옵니다. 임계점을 넘어서 다른 존재가 되는 순간 말이지요. 당신에게도 그날이 반드시 올 겁니다. 믿어 보세요. 제 말이 아니라, 당신을요. 설령 당신이 당신을 믿지 않는다고 하더라도 저는 당신을 믿을 겁니다. 당신이 당신을 믿게 될 그날까지요.

무기력함에서
벗어나는 법

우리는 보통 언제 무기력함을 느낄까요? 여기에서 정확히 구분해야 하는 게 있습니다. 바로 '무기력'과 '회피'입니다. 흔히 이 둘을 비슷한 맥락으로 사용할 때가 있는데 둘은 완벽히 다릅니다.

예를 들어 무기력은 내가 이루고 싶은 목표를 향해 온 마음을 다해서, 시간과 정성을 다 쏟았는데도 되지 않을 때, 눈앞에 있는 목표가 벽이 아니라 거대한 산처럼 느껴져서 아무것도 할 수 없을 것 같다는 생각이 들 때, 그때 찾아오는 게 무기력입니다. 가끔 무기력함을 느끼는 선수들을 보면 마음이 아픕니다. 그들은 정말 할 수 있는 모든 걸 다 했기에 그렇습니다. 모든 걸 완벽히 했는데도 되지 않을 때 그럴 때 느끼는 게 바로 무기력입니다.

한편, 회피는 행동하지 않고, 도전해 보지도 않고, 그냥 안 될 것 같아서 지레짐작으로 놓아 버리는 게 회피입니다. 이 둘은 언뜻 보면 비슷해 보이지만 전혀 달라요. 무언가를 시도해 본 사람과 무언가를 시도해 보지도 않고 포기한 사람은 다릅니다. 앞으로의 삶을 대하는 태도도 다르죠.

이번 이야기는 내 손으로 어찌할 수 없는, 통제할 수 없는 존재로 무기력을 느끼고 만 수영선수 I의 사례입니다.

세상이 나를 억울하게 만들 때
: 수영선수 I

I 선수는 고등학교 2학년, 마지막 경기가 끝난 후 상담실을 찾아왔습니다. 그는 어딘가 갑작스럽게 두드려 맞은 것처럼 기분이 얼떨떨하고, 어이가 없다고 말했죠. 후배들의 기록은 점점 올라가는데, 자신의 기록은 점점 떨어진다며 이에 대한 이유로 코로나19를 들었습니다. 하지만 주요 문제는 코로나19가 아니었죠. 그를 무기력하게 만든 건 다른 데에 있었습니다.

중학교 때까지 I 선수는 항상 메달을 따던 선수였습니다. 그는 뜨거운 기대주였고, 계속 뒤처지는 듯하다가 결승 직전에서 역전해 극적인 승리를 거두고 마는 최고의 플레이어였습니다. 그러나 그의 상승세는 코로나 19가 터지면서 훈련을 제대로 할 수 없게 된 후부터 꺾이기 시작했습니다. 훈련 제한으로 일부 수영 선수들은 훈련하지 못했고, 이는 I 선수도 마찬가지였죠.

I 선수는 지침을 잘 들었습니다. 제대로 된 훈련 장소도 찾을 수 없어서 훈련을 아예 못 했습니다. 스스로 훈련하는 게 익숙하지 않았던 그는 체력관리도 제대로 하지 못했지요. 6개월 동안 아무것도 하지 않고, 푹 쉬었죠. 그렇게 6개월간의 훈련 제한 기간이 끝나고, 첫 훈련을 마친 그는 놀라고 말았습니다. 자신을 제외한 모두의 실력이 압도적으로 상승해 있었기 때문입니다. 그를 제외한 모든 선수가 암암리에 수영장을 물색해 개인 훈련을 하고 있었다는 사실을 알게 된 I 선수는 무시무시한 벽이 자기 앞에 세워지는 걸 느꼈습니다. 운동선수는 한번 쉬면, 제 기량으로 돌아오기 위해서 2배의 노력과 시간을 들여야 합니다. 그렇게 해도 제 기량으로 돌아올 수 있을지 알 수 없습니다. I 선수가 훈련하는 시간에 다른 선수도 훈련하기 때문이지요.

I 선수는 씁쓸했습니다. 사실 I 선수가 잘못한 건 아무것도 없습니다. 하지 말라고 해서 하지 않았을 뿐입니다. 하지만 오히려 정직한 선택을 한 게 잘못된 선택이 되니 차가운 현실 앞에서 무너지고 있었습니다.

아쉽게도 세상은 원래 불공평합니다

이러한 경우는 상당히 많습니다. 정직한 마음으로, 정직한 선택을 했을 뿐인데 그 선택이 나를 배신할 때. 그렇지만 세상은 원래 불공평한 면이 있습니다. 그 앞에서 우리는 일단 이 상황과 감정을 받아들여야 합니다. 이해는 그 다음입니다. 이해가 되지 않더라도 '그렇지, 이런 일이 있지'라고 인정하는 자세가 필요합니다. 그런 다음에 스스로를 다독이고, 이해시켜야 합니다. 일단 내가 잘못한 건 아무것도 없습니다. 이 진실 역시 함께 인정해야 합니다.

이를 받아들이고, 이해하는 과정은 어렵습니다. 하지만 이것이 무기력함을 극복하는 첫걸음이 될 수 있습니다. '이미 일어난 일을 어떡해, 받아들여야지'라고 때로는 무심하게, 객관적으로, 마치 다른 사람의 일인 것처럼 대하는 태도가 필요합니다. 일은 이미 벌어졌고, 우리에게는 이를 해결할 수 있는 기회가 있습니다. 즉, 아직 끝이 아니라는 얘기입니다.

과거 I 선수의 목표는 언제나 전국대회 1등이었습니다. I 선수가 무기력함을 극복하기 위해 시작했던 첫 번째 과제는 더 이상 1등을 할 수 없다는 걸 받아들이는 일이었습니다. 그 진실을 받아들이기까지 꽤 오랜 시간이 걸렸습니다. 하지만 받아들여야 하는 일은 받아들여야 합니다. 미래를 손상시키지 않기 위해서라도요.

무기력함에서 벗어나는 법

과거의 성과에 얽매여 현재와 미래의 가능성을 제한하는 건 성장을 가로막는 장애물입니다. 그렇기에 목표를 재평가하고, 자신이 집중하고 성취할 수 있는 새로운 목표를 설정하는 게 I 선수에게는 필요했지요. 결국 우리 삶의 방향을 잡아주는 건 목표입니다. 목표를 달성하는 과정에서 많은 사람들이 과거의 성과나 타인과의 비교를 바탕으로 목표를 설정하고는 합니다. '그래도 이만큼은 해야지', '그래도 쟤보다는 잘해야지'와 같은 흐름이지요. 이러한 방식은 때때로 불필요한 압박감을 부르고, 나의 능력과 상황을 고려하지 않은 채 비현실적인 목표를 추구하게 만듭니다.

제대로 된 목표를 설정하기 전에 반드시 해야 할 4가지 방법을 알아봅시다.

◆ 객관적으로 자기평가하기 ◆

현재 나의 능력과 상황을 객관적으로 평가합니다. 이를 통해 내가 처한 위치를 정확히 이해할 수 있습니다. I 선수도 자기평가 과정을 거쳤습니다. 왜 내가 이런 상황에 있는지, 어떤 부분에서 어려움을 겪고 있는지 진지하게 생각해 보아야 합니다. 이 과정을 통해서 문제의 원인을 명확히 이해할 수 있고, 해결책을 찾는 데 도움을 받을 수 있습니다.

◆ 새로운 목표설정하기 ◆

결국 I 선수에게 필요한 건 새로운 목표입니다. 앞서 1장에서 이야기한 목표설정법을 I 선수에게 그대로 적용했습니다. 명확성, 구체성, 현실성을 바탕으로 목표의 큰 그림을 그리고, 목표를 세부적으로 나누고, 단계별 계획을 세웠지요. I 선수는 전국대회 1등이라는 기존의 목표를 내려놓고, 전국대회 3등이라는 장기 목표를 세운 후 3개월 후 있을 연습 경기에서 전체 순위 10등 안에 드는 것을 중기 목표로 삼았습니다. 단기 목표로는 한 달 안에 개인 기록 0.02초 단축을 목표로 삼았지요. 또 결과만을 목표로 삼는 걸 넘어서 성장과 발전을 위해 과정을 즐기는 걸 최장기 목표로 삼았습니다.

우리도 일상에서 이 방법을 적용해 볼 수 있습니다. 예를 들어 영어 회화 실력을 향상시키기 위해 일주일에 3번 영어일기를 쓰거나, 영어로 된 영화를 보는 것과 같이 과정 자체를 즐길 수 있는 목표를 설정해 보세요. 이렇게 하면 결과에 대한 부담을 줄이고, 매일매일의 작은 성장을 통해 더 큰 동기부여를 얻을 수 있습니다.

◆ 정기적으로 목표 재평가하기 ◆

설정한 목표는 시간이 지나면서 변할 수 있습니다. 정기적으로 목표를 재평가하고, 필요하다면 현재 상황에 맞게 조정합니다. I 선수는 시간이 지남에 따라 목표를 재평가하고 필요한 경우 수정했습니다. 장기 목표의 경우 전국대회 3등에서 2등으로 조정하는 등 개인의 기량이 조금씩 늘어나는 걸 확인할 때마다 목표를 다시 돌아보았지요. 목표를 이룰 수 있는 가능성이 높아지자 자신감도 점점 붙기 시작했습니다. 우리도 정기적으로 자신의 목표를 검토하고, 현재 상황에 맞게 조정해야 합니다. 이는 우리가 항상 최선의 방향으로 나아갈 수 있도록 도와줍니다.

◆ 나에게 집중하기 ◆

I 선수가 무력감을 극복하기 위한 상담에서 가장 중점적으로 다룬 부분은 외부에 신경 쓰지 않고 자신에게 집중하도록 하는

것이었습니다. 자신의 성장을 위한 시간에 집중하고 건강한 생활 습관을 유지하며 긍정적인 생각을 떠올리는 것이, 자신이 해야 할 일과 자신의 성장 및 변화에 집중하는 데 도움이 되도록 이끌었습니다.

이런 과정들을 통해 I 선수는 무기력함에서 벗어나 목표에 집중하게 되었고, 결국 고3이 되어서는 전국대회에서 2번이나 금메달을 획득했고, 원하던 대학에 진학할 수 있었습니다.

삶은 변수가 많습니다. 일어날 일은 언젠가 반드시 일어납니다. 하지만 이 예상치 못한 일 앞에서 우리는 선택할 수 있습니다. 무기력함에 빠지는 것도 나의 선택이며, 무기력함을 외면하고 내 앞에 놓인 일에 집중하는 것도 나의 선택입니다. 영원히 알 수 없는 불확실한 미래를 고민하느라 시간 낭비하지 마세요. 그저 오늘, 지금, 여기에서 최선을 다하는 겁니다.

04

슬럼프라는 파도와
마주하기

슬럼프와 무기력은 비슷한 지점이 있습니다. 다만, 슬럼프는 무기력보다 지속 기간이 훨씬 더 긴 편에 속합니다. 즉, 무기력이 길어지는 상태가 슬럼프라고 이해하시면 편할 거예요. 저는 슬럼프를 혼자서는 빠져나오기 힘든 늪에 갇힌 상태라고 말하는 편입니다. 운동이든, 새로 설계한 목표든, 어떠한 일에 도전할 때 그 일을 수행하다가 벽에 부딪히는 경우가 있습니다. 그러면 잠시 쉬었다가 일어나면 돼요. 그렇지만 슬럼프는 보통 벽에 부딪히는 일이 지나치게 많이 일어날 때 발생합니다. 부딪히고, 부딪히고, 또 부딪히다 보니까 이런 생각이 드는 거죠. '아, 이제 안 되는구나', '나는 여기에서 끝이구나'. 그렇게 무기력이 무기한으로 길어지게 되고, 슬럼프가 되는 것입니다.

그럴 때는 나만이 할 수 있는, 나에게 맞는 회복법을 찾아야 합니다. 먼저 슬럼프가 나에게도 도착했구나, 하고 인지하는 게 시작이지요.

슬럼프가 찾아올 때
: 쇼트트랙 국가대표 J

쇼트트랙 국가대표 J 선수는 처음에는 취미로 쇼트트랙을 시작했습니다. 취미로 시작했지만, J 선수는 깊이 몰입하는 능력, 자기몰입 능력이 뛰어났습니다. '자기몰입'이란 주변 환경이나 다른 생각들로부터 방해받지 않고, 현재 자신이 하는 활동에 집중하는 상태를 말합니다. 이 능력 덕분에 J 선수의 집중력은 날이 갈수록 상승하고, 학습 속도도 빨라져 다른 사람들보다 빠르게 기술을 습득하고 성장할 수 있었습니다. 그 결과, 취미반에서 선수반으로 올라가는 데까지 그리 오랜 시간이 걸리지 않았습니다. 이후 머지않아 국가대표가 되었지요.

열여덟 살 국가대표팀에 어린 나이에 합류하는 일은 사소한 것 하나하나까지 도전입니다. 워낙 뛰어난 선수들이 많은 세계이기에 경쟁은 끝없이 이어지고, 혹독한 훈련은 계속됩니다. 땀으로 흠뻑 젖은 경기복을 마주하는 건 밥 먹듯이 하는 일이죠. 그렇게 J 선수는 성장했습니다. 선배들의 보조 역할을 하는 단계에서 핵심 주축이 될 때까지 국가대표 자리를 지켰지요. 하지만 그에게도 슬럼프는 찾아왔습니다.

J 선수는 고질적인 무릎 부상에 항상 시달렸습니다. 훈련할 때마다 찾아오는 무릎 통증 때문에 강도 높은 훈련을 함께할 수 없는 경우가 많았습니다. 그러나 몸 상태가 어떤지 괜히 징징대고 싶지 않았기에 다른 선수들에게 부상 사실을 알리지 않았습니다. 그의 어려움을 이해하지 못하는 선수들이 늘어갔고, 소외되는 상황도 종종 생겼습니다. '힘든 훈련을 빠지고 싶어서 편안한 훈련만 참여하네', '감독과 코치가 J 선수만 편애한다'와 같은 말이 나오며 대놓고 질책을 받기도 했습니다. 팀 내 분위기가 안 좋아지기도 했지요.

쇼트트랙에서 다리 힘은 중요합니다. 허벅지 근육을 터뜨리듯이 사용하며 빙판 위에서 전력질주를 하려면 어찌 되었든 내 다리의 중심인 무릎을 잘 사용해야 하는데, 아무리 노력해도 무릎 부상은 나을 기미가 보이지 않고, 핵심 선수가 되다 보니 여기저기서 뒷말은 쏟아졌습니다. 언젠가부터 그는 무릎이 아프다는 이유로 훈련도 거부하고, 집에서 나오지도 않았지요.

그의 어머니는 그의 마음에 문제가 있다는 것을 알아채고 상담실을 찾았습니다. J 선수와 대화를 하다 보니 저는 그의 상태가 어떤지 바로 알 수 있었습니다. 그는 슬럼프를 마주하고 있었습니다. 마치 슬럼프와 한 몸이 된 것 같았지요.

J 선수 아무것도 하고 싶지 않아요. 여기 오고 싶지도 않았어요. 해도 안 될 것 같아서 그만하고 싶어요. 정말 지겨울 정도로 해봤는데 안 되는 걸 어떡해요? 그냥 사는 게 무의미해요.

부모님의 설득으로 겨우겨우 상담실을 찾았다고 했지만, 상담실까지 오는 길은 쉽지 않습니다. 말은 매섭게 해도 어찌 되었든 선수가 상담실을 찾아왔다는 건 방법을 찾고 싶기 때문입니다. 자신도 쇼트트랙으로 돌아가고 싶은데, 그 방법을 몰라 헤매고 있었습니다.

슬럼프는 왜 생길까?

슬럼프는 선수에게 있어 경기력 저하와 심리적 어려움을 유발하는 심각한 문제입니다. 더 이상 안 될 것 같다는 생각이, 생각만으로 끝나는 게 아니라 현실이 된다는 게 슬럼프의 가장 큰 무서움이죠.

슬럼프의 원인은 다양하지만 크게 외적요인과 내적요인으로 나눌 수 있습니다. 일반적인 외적요인에는 부상, 지도자 변경, 대인관계 문제, 일정 변경, 비방·악플 등이 있습니다. 즉, 개인의 통제범위에서 벗어나는 요인들을 말합니다. 이러한 요인들은 훈련과 경기에 직접적인 영향을 미치지요. 심리적 불안감, 스트레스를 유발하여 슬럼프에 빠질 수 있습니다. 외적요인이 유독 힘든 것은 할 수 있는 게 아무것도 없다고 느끼고, 무력함을 느끼는 경우가 많기 때문입니다. 이럴 때는 철저하게 외적요인을 외면해야 합니다. 내가 할 수 있는 일이 무엇인지를 찾고, 오직 그 일에만 몰입해야 하는 것이지요.

일반적인 내적요인으로는 자기효능감 저하, 목표설정 실패, 불안감, 우울감 등 심리적인 요인이 있습니다. 특히 자기효능감의 저하가 가장 큰 문제입니다. 자기효능감은 곧 믿음으로 이어지기 때문이에요. 내가 이 기술을 해낼 수 있다는 믿음, 내가 이 경기를 어떻게든 끝마칠 수 있다는 믿음. 그런데 기술을 완벽히 해내고, 경기를 잘 끝마치려면 연습해야 합니다. 그만큼 노력을 쏟아야 하죠. 예를 들어 농구선수가 경기 중 점프하여 바스켓에 공을 넣는 점프슛이라는 기술을 성공적으로 수행하려면 믿음이 있어야 하는 거예요. '나는 어디에서 슛을 쏘든 100% 다 들어 갈 수 있어'라는 확신이 자기효능감이죠. 이 믿음은 노력에서 나옵니다. 또 이 노력을 만드는 건 목표에서 나와요. 이 모든 게 하나의 톱니바퀴가 되어 굴러가는 게 자기효능감이에요. 그렇기에 목표를 찾고, 동기부여를 받아, 내가 할 수 있는 최선의 노력을 하여 스스로에 대한 믿음을 키워야 합니다.

J 선수의 슬럼프는 내적요인과 외적요인에서 모두 찾아 볼 수 있습니다. 비방, 부상, 자기효능감 저하. 국가대표라는 목표에는 빠르게 도달해 급진적인 성장을 이루었지만, 잦은 부상과 주변 사람들의 비방으로 자신감이 떨어졌고, 그로 인해 목표도 잃어버려 무기력과 좌절감이 오래 지속돼 슬럼프에 빠진 것이죠.

슬럼프를 극복하는 3가지 방법

그렇다면 슬럼프를 극복하려면 어떻게 하면 좋을까요? J 선수와 저는 3가지 방법을 찾았습니다.

◆ 다른 활동에 몰입하기 ◆

J 선수의 인생에는 그동안 쇼트트랙밖에 없었습니다. 오직 그것만 보며 살았다고 해도 과언이 아니지요. 그렇기에 운동이 아닌 다른 활동을 생각하는 건 인생에서 처음 있는 일이나 마찬가지였습니다. 몰입할 수 있는 새로운 활동을 찾는다는 것 자체가 하나의 여정과도 같았지요. J 선수는 평소에 노래를 듣는 걸 좋아했고, 그러다 보니 자연스럽게 춤에 관심을 가지게 되었습니다. 결과로 보여 줘야 하는 쇼트트랙과는 다르게 춤은 행위 그 자체에만 집중하면 되기에 부담감을 가질 필요도 없었습니다. 추고 싶은 춤을 추면 돼서 무릎에도 큰 영향을 주지 않았지요. J 선수는 조금씩 활력을 되찾기 시작했습니다.

내가 진정으로 좋아하는 게 무엇인지 알려면 경험을 많이 해봐야 합니다. 경험해 본 게 아무것도 없는데 어떻게 좋아하는 걸 바로 알 수 있을까요? J 선수처럼 본업이 아니어도 평소에 자주, 취미로 하는 일이 무엇인지 살펴보는 것도 좋습니다. 영화나 연극, 뮤지컬을 관람하거나 전시회에 가는 등 다양한 활동을 시도하며 내가 어떤 걸 할 때 가장 몰입하는지, 어떤 걸 할 때 시간이 가장 빠르게 흘러가는지 관찰하세요. 한 번에 여러 활동을 하기보다는 딱 하나의 활동에 집중하는 게 좋습니다. 몰입은 반복적인 실천을 통해 발전하는 경향이 있어요. 처음에는 어색하고, 어려울 수도 있지만 시간이 지나면서 그 활동을 진심으로 좋아하게 될 수도 있습니다. 많은 이야기를 했지만, 결과적으로 이야기하고 싶은 건 결국, 해 봐야 안다는 겁니다.

◆ 타인의 도움을 받는 걸 두려워하지 말 것 ◆

J 선수는 자신의 상태를 지도자와 공유하고 도움을 받기로 결정했습니다. 이는 그에게 쉽지 않은 일이었지만 그는 이것이 성장에 필요한 여러 작업 중 하나라고 판단했습니다. 나의 감정과 생각을 타인과 나누는 일은 어려운 일입니다. J 선수는 이 일이 자신을 더 잘 이해하고, 슬럼프를 극복하는 데 있어 매우 중요하다는 것을 알고 있었습니다.

당신은 스스로를 잘 안다고 자신할 수 있나요? 저는 그렇지 않습니다. 때로는 타인이 나를 더 잘 알 수도 있어요. 그렇게 타인이 보는 나를 통해 나를 더 잘 알 수 있습니다. J 선수는 지도자와 함께 문제와 감정을 공유함으로써 오히려 자신의 감정을 또렷하게 인식하고, 잘 관리할 수 있게 되었습니다. 또 그로 인해 문제해결능력도 향상했지요. J 선수가 직면한 문제에서 다양한 관점으로 접근할 수 있게 되었고, 무릎 부상과 팀 내 갈등을 해결하기 위한 방법도 빠르게 모색할 수 있었습니다.

그의 장기 목표는 올림픽 경기에서 금메달을 목에 거는 것이었습니다. 슬럼프를 겪은 선수여도 그의 기량은 여전히 압도적이었기에 저와 J 선수는 해볼 만한 목표라고 생각했지요. 목표는 금메달이어도 그가 무엇보다 가장 하고 싶었던 건 길고 긴 침체기에서 벗어나는 것이었습니다. 이후 J 선수는 국가대표 출전 자격을 얻어 무사히 올림픽에 나갔습니다. 그의 노력을 전 세계에 인정받을 수 있었지요. 대중은 넘어져도 악착같이 일어나서 다시 질주하는 그의 집념에 열광했고, 그렇게 그는 기나긴 슬럼프에서 서서히 빠져나올 수 있었습니다. 그는 금메달을 넘어서는 목표를 달성했다고 말합니다. 또 다시 슬럼프가 오더라도 빠져나올 수 있겠다는 확신이 가장 큰 재산이 된 것이지요.

슬럼프는 누구나 겪을 수 있는 자연스러운 일입니다. J 선수처럼 슬럼프를 인지하고, 나만의 방법을 찾아서 이를 극복하려고 하는 의지가 슬럼프 탈출의 핵심입니다. 하지만 슬럼프에서 벗어나기 위해서 나를 너무 다그치지 마세요. 이 역시 반드시 지나가는 높은 파도 중 하나일 뿐이니까요.

중압감에서
압도감으로

중압감과 슬럼프는 밀접하게 연결되어 있습니다. 중압감은 선수가 경험하는 높은 기대와 압박감으로 인해 발생합니다. 쉽게 말해 중압감은 일종의 부담감입니다. 이는 경기가 시작되기 직전, 가장 결정적인 순간에 느끼는 긴장감과 불안감이며, 이러한 불안감은 선수가 자신의 능력을 제대로 발휘하지 못하게 만들 수 있습니다.

중압감은 보통 외적요인에서 시작해 내적요인으로 이어지는 편입니다. 타인의 기대, 외부의 평가, 뉴스, SNS에서 들려오는 소식이 내면에 영향을 주어 스스로에게 높은 기대치를 부여하고, 완벽주의, 자기의심, 혹은 자기부정으로 이어지는 것이지요. 특히 필터링 없이 날아드는 대중의 평가는 선수의 부담감을 더욱 가중시킵니다.

중압감과 슬럼프는 서로 영향을 주고받을 수 있기에 때로는 중압감이 슬럼프로 이어질 수 있습니다. 그러나 중압감은 주로 선수가 느끼는, 선수를 향한 기대와 압박감에서 비롯되는 반면, 슬럼프는 성과의 저하와 관련된 보다 광범위한 문제입니다. 이러한 차이점을 이해하는 것은 내가 겪고 있는 문제를 정확히 파악하고, 효과적으로 대처하는 데 도움이 됩니다.

잘못된 편견이 낳는 중압감

기억하세요. 당신은 당신이 생각하는 것 이상으로 많은 가능성을 품고 있습니다. 잠재력이 아직 완전히 발현되지 않았을 뿐이에요. 세상에 태어나고, 성장하고, 그렇게 어른이 되어가는 우리는 주변 사람들로부터 많은 이야기를 듣게 됩니다. 이 중에는 내가 하려는 일, 내가 충분히 할 수 있는 일에 대해 제한적이고, 부정적인 시선을 심어 주는 내용도 많습니다.

"남자는 강해야 해", "여자가 그게 뭐냐?", "남자는 울면 안 돼", "남자가 뭐 이리 약해?", "여자가 그렇게 힘이 세면 되냐?"와 같은 이야기는 참 무섭습니다. 무의식 속에 '나의 능력은 이 정도밖에 되지 않는다'라고 각인시키는 것과 마찬가지이기 때문입니다. 이는 마치 나 자신을 작은 상자 안에 가두는 것과 다르지 않습니다.

잘못된 편견의 가장 큰 문제점은 바로 이렇게 스스로의 한계를 지어버린다는 것입니다. 우리의 무궁무진한 가능성을 인식하지 못하게 만들죠. 특히 선수들의 경우, 사회적 기대나 성과에 대한 압박감이 이런 편견을 더욱 강화시키고는 합니다. '운동하는 사람이라면 이 정도는 해야지', '운동하는 사람이 왜 몸이 아파?'라는 말들이지요. 직장인들도 마찬가지입니다. '나는 회사에 있으니까 이 정도 월급을 받으면 됐지'라는 생각은 스스로의 능력을 제대로 인식하지 못하는 것입니다. 그러므로 스스로 계속해서 경험하고 도전하면서 개방적인 사고를 해야 하며 무엇보다도 두려움을 가지지 말아야 합니다. 내 생각보다 내가 괜찮다는 걸 알아야 합니다.

상담을 진행하다 보면 선수들이 자신의 기준을 설정하고 '나는 여기까지만 할 수 있다'라는 생각을 가지는 경우가 많습니다. 그러나 그것을 깨고 나아간 선수들은 자신의 첫 번째 목표를 달성하고, 더 큰 두 번째 목표에 다시 도전하며, 마침내 이룰 수 없다고 생각했던 거대한 꿈을 이룰 수 있었습니다.

저 역시 어릴 때는 '어떻게 박사학위를 받을 수 있을까?', '어떻게 대학에서 강의할 수 있을까?', '나는 운동만 해서 공부를 못하는데'라는 편견에 사로잡혀 있었습니다. 그러나 도전하고, 나아가고, 꿈을 향해 달려가다 보니 꿈 너머에 또 다른 꿈이 있다는 것을 깨달았습니다.

그러니 스스로를 가두지 마세요. 나의 꿈, 비전과 메시지에 집중하세요. 더 크고 원대한 그림을 그리며 달려가세요. 안 될 것 같은 일도 하나씩 하면 반드시 이루게 됩니다.

중압감을 이겨내고, 좌중을 압도한 사람
: 프로 야구선수 K

K 선수는 미국 메이저리그에서 활약 후 국내로 다시 복귀해 화제를 모았습니다. 그의 복귀는 많은 야구팬들을 열광하게 만들었지요. 그 역시 높은 연봉에 상응하는 결과를 만들어 내기 위해 강한 책임감을 느끼고 있었습니다. 더 나아가 중압감까지 그를 찾아오고 있었지요. 시즌 초반까지는 그럭저럭 나쁘지 않은 성과를 내던 그였지만 얼마 가지 않아 조금씩 무너지는 모습을 보여 주기 시작했습니다. 2개월이 다 돼 가도록 성과가 나오지 않고 있었죠. 자꾸만 늘어가는 삼진-땅볼-삼진-땅볼의 반복, 타율도 계속 떨어졌습니다. 이쯤 되면 홈런 하나는 쳐 줘야 한다고

생각했던 야구팬들은 걱정의 목소리를 내기 시작했죠. 주위에서도 거는 기대가 많았습니다. 괜찮다고, 너는 할 수 있다고 말하던 팀 관계자들도 이쯤 되니 슬슬 불안해졌습니다.

K 선수에게 심리적인 문제가 있다고 판단한 팀 관계자의 의뢰로 첫 상담이 이루어졌습니다. 처음 만났을 때 K 선수는 많은 말을 하지 않았지만, 그의 눈빛과 몸짓에서부터 그가 겪고 있는 중압감을 충분히 느낄 수 있었습니다. 이후 스포츠심리검사를 진행했고, 그 결과 우수 선수임에도 불구하고, 타고난 기질로서 가지고 있는 불안인 '특성불안'과 환경에 따라서 바뀌는 '상태불안'이 모두 높게 나타난 것으로 확인이 되었습니다.

일반적으로 우수 선수들은 불안을 다루는 능력이 탁월합니다. 경기 중에도 불안을 달래고, 집중력을 유지하고, 자신감을 바탕으로 최고의 기량을 발휘하지요. 그렇지만 K 선수의 경우 불안감을 느끼는 정도가 상당히 높았습니다.

> K 선수 아무래도 생각이 많아질 수밖에 없는 거죠. 이런 말 하기 좀 창피한데, 불안해요. 불안하죠.

K 선수는 요즘 부쩍 생각이 많아진다고 덤덤하게 말했습니다. 생각은 해야 할 때가 있고, 하지 말아야 할 때가 있는데 K 선

수의 경우는 하지 말아야 할 때 생각에 깊이 빠져 불안을 만들고, 그 불안이 좋지 않은 결과를 낳은, 어떻게 보면 가장 흔한 사례 중 하나입니다.

불안한 상태에서는 선수의 주의력이 사방으로 분산되어 그로 인해 경기에 필요한 순간의 집중력이 떨어집니다. 선택과 집중이 되지 않으니까 주의력을 가질 수 없고, 몰입에도 돌입하지 못하게 되는 것이지요. 손이 떨리고, 심장박동이 빨라지는 신체 현상에 집중하느라 정작 눈앞으로 빠르게 날아오는 공을 칠 수 없게 되고, 이는 당연히 삼진으로 이어질 수밖에 없겠지요.

나만의 리듬과 감각에 집중하다

K 선수는 날이 갈수록 타격에 성공해야 한다는 중압감, 결과에 대한 걱정에 온 신경을 쏟느라 자신만의 리듬과 감각을 잃어가고 있었습니다. 타자는 사실 공을 보는 것보다 자신의 리듬에 집중하는 것에 온 신경을 기울여야 합니다. 어려운 말이지만 리듬과 감각에 집중해야 해요. 지난 시간 동안 끝없이 휘둘렀던 K 선수의 스윙에도 분명히 자신만의 리듬이 있었습니다. K 선수처럼 자기만의 감각으로 좋은 성과를 낸 선수들은 리듬과 감각을

잃어버리고, 억지로 연습을 통해 외워서 배트를 휘두르게 되면 움직임이 굉장히 뻣뻣해지고 부자연스러워집니다. 이후 K 선수는 자신의 리듬을 되찾기 위해 무의식적으로 스윙을 하는 연습을 시작했습니다. 오직 그것만 했습니다. K 선수와 저는 본 경기 직전에 한 번 더 만났습니다. 저녁 경기가 시작되기 약 4시간 전이었지요. 저는 딱 하나만 강조했습니다.

상담사 리듬에 집중하세요. 아무것도 생각하지 마세요. 늘 그랬듯이 리듬과 감각에 집중해야 해요. 이번에 잃어버린 리듬을 찾으면 다시 감각이 돌아올 겁니다. 잠시 숨은 것뿐이에요. 생각하지 마세요. 느껴요.

그러자 K 선수는 긴장한 얼굴로 조심스레 물었습니다.

K 선수 만약, 생각이 또 너무 많아지면 어떡할까요.

저는 생각이 너무 많아지면 자기암시를 시도하라고 말했습니다. 끊임없이 긍정적인 메시지를 주입하는 것이지요. 이를 통해 내면의 불안과 긴장을 줄이고 경기에 필요한 최적의 상태로 돌아가는 데 집중했습니다.

"나는 리듬을 느끼고, 내 감각에 집중했을 때 최고의 성과를 내는 선수다. 나는 나의 리듬을 믿고, 내 감각을 신뢰한다."

K 선수는 경기에 들어가기 직전까지 수십, 수백 번 이 말을 되뇌었습니다.

그날 저녁, K 선수는 타석에 올랐습니다. 오늘도 홈런이 없으면 K 선수가 치명적인 타격을 입을 것이라는 아나운서의 멘트와 야구팬들의 "오늘도 홈런 못 치는 거 아니야?"라는 걱정이 무색하게 그는 경기의 운명을 결정짓는 순간, 만루홈런을 쳤습니다.

우리는 때때로 중압감에 짓눌려 자신의 능력치를 발휘하지 못하는 순간을 겪습니다. 그러나 K 선수의 사례에서 알 수 있듯이 현재 상태를 잠시 인정하고, 그것을 받아들이는 것부터 시작해야 합니다. 그리고 능력은 사라진 게 아니에요. 오랜 시간 몇십 년 동안 쌓아온 나의 실력이 하루아침에 사라지는 건 말이 안 됩니다. 다만 잠시 숨은 것이지요. 우리는 숨은 능력을 다시금 찾아내기만 하면 되는 겁니다. 리듬과 감각을 기억하세요.

🏁 실전 멘탈 강화 워크지 ③

마음이 위태로울 때 우리가 해야 하는 일은 지금 내가 할 수 있는 것에 집중하는 일입니다. 통제 불가능한 변수와 통제 가능한 변수를 구분해 봅시다.

	결과에 영향을 주는 여러 가지 변수	
	통제 불가능한 변수	통제 가능한 변수
1	다른 사람들의 생각	내가 하는 긍정의 말
2	이미 벌어진 실수	실수 다음에 할 일
3	날씨 등 환경	컨디션 조절
4	결과	과정
5	·	·
6	·	·
7	·	·
8	·	·
9	·	·
10	·	·
11	·	·
12	·	·

〈예시〉

결과에 영향을 주는 여러 가지 변수	
통제 불가능한 변수	통제 가능한 변수
1	
2	
3	
4	
5	
6	
7	
8	
9	
10	
11	
12	
13	
14	

〈실전 연습〉

챔피언은 얼마나 많이 이기느냐가 아니라

실패를 어떻게 극복하느냐에 따라 정의된다.

– 전 미국 테니스선수 세레나 윌리엄스

4장

도약하는 마음

생각 끊기
3단계

우리는 지금 이 순간에도 끊임없이 변화하고 있습니다. 우리의 몸, 우리의 정신, 우리의 마음은 매분 매초마다 달라집니다. 그리고 그 안에서 기회와 도전이 끊임없이 태어나지요. 내가 원하는 목표, 꿈, 성공을 이루려면 변화 속에서 기회를 붙잡을 수 있는 힘, 망설임에 주저하지 않고 도전할 줄 아는 힘을 길러야 합니다. 그리고 이러한 힘은 스트레스와 감정을 조절하고, 통제할 수 있는 기술이 내 안에 내재돼 있을 때 비로소 효과적으로 발휘되지요. 스트레스와 감정 관리는 삶의 기술이자 안정감을 유지하고 어려움을 극복하는 데 있어 반드시 필요한 열쇠입니다. 그리고 이는 연습을 통해 충분히 익힐 수 있습니다.

이번 장에서는 프로골퍼의 사례를 통해 스트레스와 감정을 관리하는 기술을 살펴봅니다.

예민한 게 아니라 영민한 겁니다
: 프로골퍼 L

국내보다 해외에서 더 활발하게 활동하고 있는 세계적인 프로골퍼 L. 그는 심리적 압박감과 주변의 기대로 과도한 스트레스를 받고 있었습니다. 그의 실력은 두말할 필요 없이 대단했지요. 모두가 인정했고, 모두가 그의 미래를 긍정적으로 전망했습니다. 국내외 전문가들은 그를 보며 '무서울 정도로 빠르게 성장하는 골퍼'라고 칭하기도 했지요.

L 선수에게는 아주 특별한 능력이 있습니다. 너무나도 영민한 기질을 가지고 태어난 사람들만 가질 수 있는 능력이죠. 지금 내 눈앞에 앉아 있는 사람의 짧은 말 한마디, 작은 손짓, 찰나의 눈빛, 분위기, 사물 등등 미세한 것에 감정을 느끼고 나만의 의미를 부여하는 것인데요. 대부분의 사람들은 지나치기 쉬운 것들이지만 그는 그냥 지나칠 수 없었습니다. 머리로 깨닫기 전에 몸으로 먼저 느끼는 일이 다수였죠.

즉, L 선수는 통찰력이 월등히 강한 편에 속합니다. 그렇지만 그처럼 통찰력이 강한 선수들은 그만큼 스트레스에도 취약합니다. 보려고 하지 않아도 보이고 들으려고 하지 않아도 들리기 때문이지요. 물론 이 통찰이 100% 정확한 것은 아니기에 때로는 헛된 추측을 하기도 합니다. L 선수를 향한 주변의 기대치가 점점 상승하면서 이 기운이 그를 덮치기 시작하자 그는 부담감을 느꼈고, 그로 인해 넘겨짚기식 추측을 자주 하게 되었습니다.

스윙 연습할 때도 '저 사람이 내 스윙을 보고 비웃는 거 아니야?'라고 짐작하고, 연습 기록이 잘 나오지 않을 때는 '분명 한물갔다고 생각하겠지'라고 착각하는 등 타인의 눈치를 보느라 생긴 극심한 스트레스로 꽤 지쳐 있는 상태였습니다. 이 때문인지 스윙을 하다가 자세가 미묘하게 흔들리거나 경기 중에 잠시 다른 생각을 하는 등 프로라면 하면 안 되는 터무니없는 실수가 늘어갔죠.

그 결과, 자신감은 급속도로 떨어지기 시작하고 그와 함께 개인 기록도 점점 떨어지기 시작했습니다. 그는 이 위기를 잘 극복할 수 있는 방법을 찾아야 한다고 생각했습니다. 좋아하는 골프를 더 이상 치지 못할 수도 있다는 불안감이 엄습해 밤잠까지 설치기 시작하자 그는 용기를 내어 상담실을 찾았습니다.

스트레스를 받는다는 걸 인정하기

스트레스를 100% 해소한다는 건 사실상 불가능한 일입니다. 선수들의 스트레스를 관리하는 저마저도 극심한 스트레스를 받을 때가 정말 많습니다. 이처럼 스트레스를 받지 않는 사람은 이 세상에 없습니다. 그렇기에 스트레스를 무작정 없애려고 애쓰면서 역으로 더 큰 스트레스를 받기보다는 내가 스트레스를 받는다는 것을 인정하고 가는 게 좋습니다. 즉, 스트레스는 없애는 게 아니라 관리하는 것입니다. 이 부분이 스트레스 관리에 있어서 가장 중요한 핵심입니다. 인정하고 받아들이는 것이지요. 그 자체로도 스트레스 완화에 큰 도움이 되며 스트레스의 주요 원인을 발견하기도 쉽고, 그에 맞는 방안을 마련하기도 쉽습니다.

하지만 우리의 문제는 극심한 스트레스를 받고 있으면서도 스트레스를 받고 있다는 사실을 인지하지 못한다는 겁니다. 이러한 증상이 두통, 독감, 몸살, 어지럼증 등등 신체의 반응으로 나타나야지만 '아, 스트레스를 받고 있었구나'라고 인지하지요. 스트레스가 신체의 반응으로 나타나기 전에 스트레스의 기운을 알아차리는 게 가장 좋습니다만, 스트레스의 기운을 알아차리는 게 쉽지는 않지요.

이럴 때는 매일의 활동, 생각, 감정을 기록하는 '스트레스 일지'를 작성해 보는 것도 좋습니다. 이를 통해 스트레스의 주요 원인을 파악할 수 있으며 일지에서 반복적으로 나타나는 특정 상황이나 사람들을 식별할 수 있고, 이러한 스트레스 요인을 피하거나 줄이는 전략을 세울 수 있기 때문입니다. 또 일주일 후에는 내가 일지에서 자주 쓰는 단어가 무엇인지 확인해 보세요. 나의 무의식을 확인할 수 있습니다. '힘들다', '지친다', '우울하다', '슬프다'. 등의 부정적인 단어가 공통적으로 등장하면 스트레스를 받고 있을 확률이 높기에 보다 더 효과적이고 구체적인 대처 방안을 마련해야 합니다.

감정을 자유롭게 관리하기

스트레스의 주요 원인은 감정 변화입니다. 즉, 스트레스를 관리한다는 건 감정을 관리한다는 것이지요. 특히 부정적인 감정, 불편한 감정은 스트레스를 유발하기 쉽습니다. 우리의 삶에서 감정은 파도와 같아서 끊임없이 쉬지 않고 몰아치고는 합니다. 긍정적인 감정이든 부정적인 감정이든 밀려왔다가, 쓸려갔다가, 또 다시 밀려왔다가 하지요. 우리는 이 파도 위를 자유롭게 유영하는 감정의 서퍼surfer가 되어야 합니다. 부정적인 감정, 불편한 감정이 밀려들 때는 파도의 흐름을 생각하세요.

'내가 지금 불편하구나.'
'내 마음이 지금 좋지 않구나.'
'파도처럼 밀려왔듯이 파도처럼 쓸려간다.'

이렇게 단순히 나의 감정을 관찰하고 인정하는 것만으로도 부정적인 감정이 커지는 것을 방지할 수 있습니다. 또 이 과정에서 스스로를 다그치지 말아야 합니다. '불편한 감정이 생기는 건 당연한 일이야'라고 다독이세요. 이는 자신의 감정을 부정적으로 판단하거나 그것을 없애려고 애쓰는 대신에 그저 있는 그대로 받아들이는 것을 의미합니다.

감정 변화는 주로 외부 자극으로 인해 이루어집니다. 외부 자극에 민감한 선수들은 수행능력과 판단력이 떨어지는 경우가 종종 있습니다. 그렇기에 스트레스가 높아지고, 감정에 변동이 나타나기 전 초기 단계를 인지하고 즉시 대처할 수 있는 방법을 익히는 게 좋습니다.

L 선수는 경기 중 발생하는 소음에 대한 위기대처법을 만들었는데요. 스윙할 때 옆에서 소리가 들리면 온 신경이 곤두서기에 이런 상황에서는 소리 자체보다는, 깊게 숨을 들이마시고 천

천히 내쉬는 호흡에 집중하기로 했습니다. 호흡으로 긴장과 예민함을 진정시키고, 자신이 무엇에 집중해야 하는지 생각하는 자기대화를 실행하는 것입니다.

'숨을 쉬자. 5초 들이쉬고, 10초 내쉰다.'
'나는 호흡을 하는 것만으로도 마음이 편안해지는 사람이다.'
'마음이 편안해진 나는 내 감각에 집중할 수 있는 사람이다.'
'내 감각에 집중한 나는 내가 원하는 결과를 낼 수 있는 사람이다.'
'고로 나는 내가 원하는 걸 얻어내는 사람이다.'
'나는 흔들리지만 무너지지 않는다.'

자기대화의 목적은 결국 주의력 관리이자, 그를 통한 자기몰입입니다. 애초에 다른 생각이 들지 않도록 연속적으로 자기대화를 시도하면서 외부 자극이 들어오지 못하게 막는 것입니다. 그렇게 몰입이 익숙해지면 외부 자극에도 점차 둔감해지고, 마음의 안정성은 향상됩니다. 그렇게 스트레스 조절도 가능해지지요.

물론 예기치 못한 상황에서 오는 스트레스는 여전히 L 선수에게 큰 스트레스가 되고 있습니다. 하지만 이내 자기대화에 돌입하며 스스로 스트레스와 감정을 효과적으로 통제하게 되었지요. 이는 자신의 심리를 안정시킬 수 있게 되었음을 의미합니다.

생각 끊기 3단계에 돌입하기

이렇게 해도 진전이 보이지 않으면 조금 더 강력한 방법을 사용하면 좋습니다. 일명 '생각 끊기 3단계'에 돌입하는 것입니다. 1단계를 해서 안 되면 2단계를, 2단계를 해서 안 되면 3단계에 돌입하세요.

◆ 1단계: 인지하고, 소리치기 ◆

부정적인 감정이 들어오는 걸 인지하고, 스스로에게 외치세요. '그만!', '멈춰!', '거기까지!' 등 간단명료할수록 좋습니다.

◆ 2단계: 벗어나기 ◆

외치는 것만으로도 부족하면 지금 있는 상황에서 벗어나세요. L 선수는 부정적인 감정이 밀려올 때 연습을 잠시 중단하고, 외부자극이 없는 고요한 방 안에서 호흡에만 집중하는 시간을 가졌습니다.

◆ 3단계: 액션 루틴 만들기 ◆

인지하고 소리치는 것도 도움이 되지 않고, 상황에서 벗어나는 것도 쉽지 않을 때가 있지요. 이때는 보다 더 강력한 방법을 써야 합니다. 나를 화들짝 놀라게 하는 물리적 자극을 주어야 해요. 즉, 액션 루틴을 만들어 주는 것입니다. 제자리에서 폴짝 뛰기, 이마 닦기, 물 3모금 마시기, 더 강력한 방법으로는 손목이나 허벅지 등 신체의 일부분을 강하게 확 꼬집기 등이 있습니다.

우리가 무언가에 도전할 때 스트레스를 받는 이유가 있습니다. 잘하고 싶은 마음에, 잘하려고 해서 그런 것입니다. 이럴 때는 '내가 지금 잘하고 싶은 마음에 너무나도 절박해졌구나'라고 스스로를 다독여 보세요. 또 스트레스가 마냥 나쁜 점만 있는 게 아니고 관리만 잘한다면 적당한 긴장감을 주어 집중력과 판단력을 키우는 데 일조한다는 걸 인지하고, 또 한번 파도처럼 스트레스가 밀려올 때 '아, 집중력과 판단력이 상승하려고 그러는구나'라고 스스로에게 말해 보세요. 그렇게 파도처럼 스트레스가 밀려갈 것입니다. L 선수가 그랬던 것처럼요.

혼자만의 생각에
빠지지 마세요

예상치 못한 위기와 즉시 해결해야 하는 문제에 직면했을 때 우리는 일단 혼자서 해결책을 찾으려 애쓰고는 합니다. 하지만 최대한 빠르게 도움을 요청한다면 해결책을 찾는 데 있어 꽤 많은 시간을 단축할 수 있습니다. 또 이러한 방식으로 접근하는 것은 우리가 자기긍정을 유지하고 자신의 가치와 가능성을 인식하는 데 있어 핵심적인 열쇠가 됩니다.

어려움에 부딪혔을 때 혼자 고민하는 시간을 오래 가지게 되면 대개 부정적인 생각에 매몰되고는 합니다. 부정적인 생각은 긍정적인 생각과는 다르게 자라나는 속도가 아주 빠릅니다. 악성 종양처럼 빠르게 몸집을 키우죠. 독일에서 댄스스포츠선수로 활동하고 있는 M 선수의 경우도 마찬가지였습니다.

의지와 노력으로 눈앞의 문제를 해결하기 위해 필사적으로 노력했지만 한 해가 지난 후 M 선수가 얻은 건 부정적인 자기평가와 바닥까지 추락한 자신감뿐이었습니다. 그래서 M 선수는 상담사인 저에게 도움을 요청했고, 이는 결과적으로 좋은 선택이었죠. 혼자서 문제를 해결하려 애쓰는 건 책임감이 강한 사람에게는 당연한 일이지만 때로는 이 노력만으로는 부족할 때가 있습니다. 세상은 혼자 살아가는 게 아닙니다. 문제만 보지 말고, 한 발 뒤로 물러서서 주위를 둘러보세요. 당신이 찾아 주기를 기다리는 사람이 있을 수 있습니다. 그렇게 훨씬 더 쉬운 길로 갈 수 있는 법이 나올 수도 있죠. M 선수가 그랬던 것처럼요.

혼자만의 생각에 매몰되지 않기
: 댄스스포츠선수 M

M 선수는 지금 해야 할 일이 무엇인지를 파악하며 할 수 있는 일을 최선을 다해서 하는 선수입니다. 기술이든, 체력이든 노력만 하면 반드시 성과가 나는 선수였지요. 문제는 파트너와의 호흡이었는데요. M 선수의 파트너는 그보다 한 살 어린 독일 선수로 뛰어난 실력을 갖고 있었습니다. 모두 그와 함께 파트너가 되

기를 바랐고, 마침내 자신의 파트너가 되었다는 소식을 들었을 때, M 선수는 정말 행복했다고 말합니다.

하지만 그들에게는 풀리지 않는 문제가 딱 하나 있었습니다. 바로 소통 문제입니다. 파트너로 함께한 지 한 해가 다 돼 가도록 둘 사이의 관계는 냉랭했습니다. 이로 인해 성적이 기대했던 만큼 나오지 않았고, 이상하게도 결과에 대한 부담은 고스란히 M 선수에게만 돌아왔습니다.

M 선수 다들 제가 못해서 성과가 안 나온다고 생각하는 눈치예요. 맞긴 해요. 파트너는 실력이 대단한 선수예요. 파트너에게 피해가 가지 않게 하려고 정말 많이 준비하고 열심히 하려고 하는데 파트너는 연습하다가 무언가 틀어지면 바로 연습을 멈추고, 그냥 집에 가버려요.

상담사 많이 속상했겠어요. 상대방이 이해할 수 없는 행동을 할 때, 그리고 나에게 불만이 있는 것 같은데 말을 해주지 않을 때면 정말 답답하죠.

M 선수 저도 처음에는 파트너의 방법을 인정했어요. 그렇구나. 저 사람은 저렇게 하는구나. 그런데 훈련량이 적어지잖아요. 제 마음만 불안한 거예요. 제가 할 수 있는 게 없잖아요. 그러다 보니 자신감도 떨어지고, 성과도

나오지 않을 것 같고, 피해의식을 가지게 돼요. 내가 못해서 저 사람이 나를 싫어하는구나. 나와 연습하는 게 싫은 거구나.

M 선수의 말을 곰곰이 듣던 저는 이쯤에서 한번 그의 생각을 객관적으로 짚어주었습니다.

상담사 하지만 그건 M 선수 혼자만의 생각이죠? 파트너가 그렇게 말하지는 않았을 거잖아요.

M 선수 ……맞아요.

M 선수는 어느덧 깊어진 혼자만의 부정적인 생각으로 피해의식을 가지고 있었습니다. 이를 깨닫는 게 중요합니다. 이건 나의 생각이지, 저 사람의 생각이 아니라는 사실을 일단 인지하는 것이죠. 오랜 타국 생활에 M 선수는 많은 외로움을 느끼고 있었습니다. 화상미팅 프로그램을 활용한 1:1 상담은 모국어로 대화를 할 수 있는 상대가 있다는 사실만으로도 M 선수에게는 힘이 되어 큰 진전을 보였죠. 더 나아가 우리는 더 근본적인 심리적 문제를 해결하기 위해 원인을 찾기 시작했습니다. 왜 파트너는 M 선수와 대화를 시도하지 않으려고 했던 걸까요?

과장하여 해석하지 않기

M 선수의 주요 문제는 파트너와의 소통 문제였고, 그로 인한 부작용으로 자신감 저하, 동기 저하, 집중력 저하가 나타나고 있었습니다. 파트너와의 소통 문제를 다루기에 앞서 M 선수는 이 사실을 인지해야만 했습니다. 한국과 독일, 각 나라 간의 문화 차이가 있다는 사실 말이지요.

M 선수는 한국인이고, 파트너는 독일인입니다. '빨리빨리' 문화 속에서 자란 M 선수는 성과도 빨리 내야 하고, 문제점이 있을 때도 빨리 고쳐야 하고, 무엇이든 빨리 해결해야 하는 습관이 몸에 장착되어 있었습니다. 반면에 독일에서 나고 자란 파트너는 문제점이 있을 때 충분히 고민하는 시간을 가진 다음, 해결하고 조율하는 습관이 몸에 장착되어 있었지요. 또 문화 차이를 넘어서 성격 차이도 있었습니다. 파트너는 이 문제가 해결되지 않아도, 다른 일을 먼저 쳐낼 수 있다는 걸 충분히 알고 있는 사람이었습니다. M 선수는 이 문제가 해결되지 않으면 다른 일을 아예 할 수 없는 사람이었고요. 이 차이가 갈등의 골을 만든 것이지요.

이 문제를 해결하기 위한 가장 간단한 방법은 일단 우리가 다른 사람이라는 것을 인정하는 일입니다. '나와 저 사람은 다르구나', '저 사람은 저 사람만의 방식이 있어'라고 존중하는 것입니다. 다른 사람을 존중하는 마음은 나 자신을 존중하는 마음으로 이어집니다.

다음으로 M 선수는 파트너의 말과 행동을 있는 그대로 받아들이기로 했습니다. 즉, 과장하여 해석하지 않는 것이지요. 파트너가 "오늘은 여기까지만 하죠"라고 말하면 '음, 오늘은 여기까지만 하지, 뭐'라고 생각하는 겁니다. 괜히 '내가 싫어서 그런가?', '내 실력이 부족한가?'. 등등 과장하여 해석하지 않아야 합니다.

이는 단순히 파트너와의 협업에만 국한되지 않습니다. 가족 간의 대화, 친구들 사이의 교류 등 모든 인간관계에서 '명확한 전달', '존중하는 마음', 그리고 '말을 있는 그대로 받아들이는 자세'는 특히나 중요합니다. 깊게 생각하지 마세요. 이러한 자세는 상호이해와 존중을 바탕으로 한 소통을 가능하게 하며, 이는 우리가 인간과 인간 사이의 관계를 맺고 유지하는 데 반드시 가져야 할 태도라고 할 수 있습니다.

무엇보다도 사람들은 나에 대해서 그렇게 깊이 생각하지 않습니다. 그냥 넘기세요. '이 사람이 나를 어떻게 생각할까'를 2번 이상 생각하지 마세요.

M 선수의 경우, 연습하다가 잘 안 맞으면 서로 지치고 감정적으로 힘들어도 그 훈련을 끝까지 마무리하고 싶었습니다. 그러

나 파트너는 일단 훈련을 중단하고, 각자 고민을 한 다음에 내일 마저 맞춰 보는 것이 좋겠다고 말하며 훈련을 마무리했습니다. 이때 M 선수의 생각과 파트너의 생각이 달라서 M 선수는 화가 난 것입니다.

사실 파트너는 딱 한마디만 했을 뿐입니다. 문제점을 생각해서, 다시 연습해 보자고 말이죠. 하지만 M 선수는 파트너의 말을 부풀려서 생각했습니다.

이것은 상대방의 생각이 아니라, '나'의 생각입니다. '나'의 추측입니다. 우리는 간혹 내 직감, 추측, 생각이 100% 옳다고 확신하는 경향이 있는데, 이를 경계해야 해요. M 선수는 함부로 판단하지 않고, 부풀려서 해석하지 않는 연습을 했습니다. 객관적으로, 문자 그 자체로 바라보는 게 중요합니다. "문제점을 생각해서 다시 연습하자"라는 말은, '문제점을 생각하고 다시 연습하자는 거구나'라는 말로 있는 그대로 받아들여야 합니다.

그 후 M 선수는 자신이 이전에 했던 부정적인 해석을 파트너를 존중하는 해석으로 조정할 수 있게 되었습니다. '휴식할 시간이, 생각할 시간이 필요하구나', '이 시간을 통해서 더 나은 방향이 나오리라 생각했던 거야'라고 긍정적인 재해석을 하게 되었고, 이는 M 선수에게 긍정적인 영향을 주었습니다.

실제로 M 선수는 몸으로 부딪치며 문제점을 발견하는 사람이었고, 파트너는 생각을 통해 문제점을 발견하는 사람이었습니다. M 선수의 지레짐작은 정말 지레짐작이었던 것이지요.

생각을 과감하게 끊는 법

소통은 누구에게나 어렵습니다. 특히 타지에서 한국어 사용이 아예 불가능한 동료와 소통해야 하는 사람이라면 그 어려움은 이루 말할 수 없을 거예요. 하지만 같은 언어를 쓴다고 해서 소통이 잘 되는 건 아닙니다. 또 다른 언어를 쓴다고 해도 소통이 잘될 수 있죠. 중요한 것은 나의 마음가짐이고, 자세입니다. 이럴 때일수록 최대한 자기긍정의 태도를 취하면 좋습니다. 자기긍정은 자신의 능력과 가치를 믿는 것입니다.

M 선수는 부정적인 생각에 사로잡혀 괴로워했지만, 그럼에도 불구하고 자신의 능력을 믿고 긍정적인 생각을 하려고 노력했습니다. 덕분에 그는 파트너와의 문제를 해결하고, 훈련 집중력을 높이는 데 성공할 수 있었지요.

M 선수처럼 생각이 많은 사람들은 누군가 한 번 생각을 과감

하게 끊어 주는 역할을 해야 합니다. M 선수에게 있어 그 역할을 담당해 준 사람은 그의 상담사인 저였습니다. 만일 M 선수가 누군가에게 도움을 요청하지 않고, 아직도 혼자만의 생각으로 고민하고 있었다면 어떻게 되었을까요? 자신이 진짜 원하는 방향이 아니라 다른 방향으로 마음을 쓰고, 행동하고 있었을지 모릅니다.

마음속에 오랜 시간 지속되고 있는 고민이 있다면 자기긍정과 도움 요청으로 자신의 어려움을 극복하고 원하는 길로 나아갈 수 있기를 바랍니다.

03

결과가 아닌 과정에서
성장한다는 건

간혹 그럴 때가 있죠. 타인의 인정만이 나를 가치 있게 만드는 것 같을 때, 내가 나를 인정하는 것보다 다른 사람이 나를 인정하는 게 훨씬 더 믿음이 갈 때, 그래서 끊임없이 인정을 갈구하게 될 때.

이렇게 나 자신보다 다른 사람을 믿게 되는 이유는 내가 나에 대한 확신이 없고, 내가 나를 의심하기 때문입니다. 은연중에 나라는 존재를 아직 완벽하지 않은, 모자란 존재라고 생각하는 것이죠.

즉, 타인이 인정하는 힘보다 내가 나를 인정하는 힘이 약하다는 판단이 섰을 때 타인에게 의지하고, 타인의 인정을 바라게 되는 것입니다.

내 자리가 사라진 것만 같을 때

: 야구선수 N

야구선수 N은 초등학교 때부터 전국적으로 인정받는 야구계의 유망주였습니다. 중학교 입학 당시 여러 학교가 그를 스카우트하기 위해 많은 노력을 기울였죠. 하지만 이제 막 중학교 3학년이 된 N 선수는 고등학교 입학을 앞두고 방황하고 있었습니다. 예전만큼 주목받고 인정받는 선수가 아니라고 느꼈기 때문이지요.

그는 말보다는 행동으로, 실력으로서 모든 걸 보여 주고 그 안에서 인정받는 것을 최고의 가치로 여겼습니다. 개인 연습에도, 단체 훈련에도 언제나 최선을 다하고 쉬는 날 없이 개인 훈련을 받으며 투수로서 필요한 기술들을 익혔고, 그런 그가 주목받는 건 당연한 일이었습니다.

N 선수 이제는 아무도 저에게 잘한다는 이야기를 안 해요. 아무리 애를 쓰고, 노력해도요.

상담사 과거의 N 선수와 지금의 N 선수를 대하는 사람들의 태도가 많이 달라졌나요?

N 선수 예전에는 모두가 저를 인정했어요. 팀에 빠져서는 안

될 선수라고요. 이제는 그렇지도 않은 것 같아요. 저를 못 믿겠어요.

N 선수는 3학년 첫 시합을 앞두고 갑작스럽게 찾아온 어깨 부상으로 경기에 출전하지 못했습니다. 학년 첫 시합이라 N 선수의 공백은 모두에게 부담이 되었지만 지금 당장의 결과보다는 선수의 미래를 위해서 감독은 N 선수에게 휴식을 제안했습니다.

그로 인해 새 투수진을 꾸리게 되었고 다소 불완전한 상태로 경기에 나갔지요. 하지만 반전이 일어났습니다. 모두가 어려울 것이라 예상했던 그 경기에서 팀은 8강까지 올라간 것입니다. 물론 4강에서 아쉽게 패배했습니다만 이 경기를 통해서 많은 게 달라졌습니다. 그동안 주목을 받지 못했던 선수들이 주목받게 되었고, N 선수가 아니어도 괜찮다는 생각을 다들 은연중에 조금씩 하게 되었지요.

또 다른 가능성이 생기자 팀의 분위기는 날이 갈수록 더 좋아졌습니다. 그러나 N 선수의 마음은 조금 달랐습니다. 분명 좋은 일이고, 기뻐해야만 하는 일인데 하나도 기쁘지 않았습니다. 어떨 때는 모두가 그에게 이렇게 말하는 것 같았습니다. '네가 없이도 좋은 성적을 거둘 수 있어'라고 말이죠. 하지만 이는 N 선수가 스스로에게 하는 모진 말이었습니다.

이후 N 선수는 부상을 회복하고 훈련에도 복귀했습니다. 하지만 그의 몸 상태를 본 감독은 휴식을 더 가져야 한다고 판단했지요. 10경기 연속으로 벤치에 내려가 앉아 있어야만 했고 좀처럼 기회가 오지 않았습니다. 이러한 상황은 자신이 이 팀에서 중요한 역할을 하는 존재가 아니라는 생각을 하게 만들었고 그로 인해 동기가 떨어졌죠. 무기력에 빠진 N 선수는 열심히 하던 개인 훈련과 보강 훈련에도 빠지고, 본 훈련에서도 집중하지 못해 감독에게 지적받기 시작했습니다.

과정으로 성장한다는 건

N 선수는 인정욕구가 상당히 높은 편에 속합니다. 인정욕구는 누구에게나 있습니다만 이러한 욕구가 강해질 때는 '나'라는 사람이 사라지게 됩니다. 주변 사람들의 인정, 평가, 그중에서도 긍정적인 피드백에 과도한 집착을 하게 되고, 이러한 피드백이 줄어들거나 그에 상응하는 결과를 내지 못할 때 자신감 하락과 동기 감소를 불러일으키지요.

N 선수는 대체불가능한 존재라고 생각했던 자신이 대체가능

한 존재가 될 수도 있다는 현실을 깨달았습니다. 이러한 현실은 운동에 대한 열정을 잃어버리게 만들었지요. 그는 스스로를 믿지 못하겠다고, 예전처럼 모두가 감탄하는 투수가 될 수 없을 것 같다고 말했습니다.

이제 그에게는 스스로에 대한 믿음이 없었습니다. 스스로를 믿지 못하는 자는 아무것도 해낼 수 없습니다. 타인의 믿음은 모래성과도 같은 것이라 무너지기 쉬운 존재입니다. 무엇보다도 확인할 수 없습니다. 지금 내 눈앞에 있는 이 사람이 나를 진정으로 믿는지, 믿는 척하는지를요. 그렇지만 내가 나를 믿을 때는, 의심조차 할 필요 없죠. 나이기 때문입니다. 내가 나를 믿기 때문입니다. 그 사실은 의심조차 할 필요 없습니다.

우리는 종종 스스로를 인정하고, 예뻐하고, 칭찬하는 데 인색합니다. N 선수처럼 타인의 인정, 믿음, 칭찬에 더 큰 가치를 두죠. 그는 단 한 번도 스스로를 믿어 본 적이 없었고, 인정해 본 적도 없었습니다. 그저 감독, 동료, 가족의 인정이 전부였죠. 이는 결과중심적인 사고가 한몫하기도 합니다. 대한민국 사회는 결과중심적인 분위기가 만연한 곳입니다. 생각해 보면 우리는 언제나 결과만을 보고 평가하지, 과정을 두고 평가하는 경우는 거의 없습니다. 칭찬할 때도 그렇지 않나요. N 선수는 언제나 결과만을 가지고 칭찬을 받았습니다. 우승이나, 기록 갱신 등 언제나 좋은 결과만을 가져왔기에 모두가 결과만을 두고 칭찬할 수밖에 없었죠.

한 사람의 성장이 언제나 상승 곡선을 그리는 건 아닙니다. 결과보다 과정이 길고, 지루한 여정인 것은 틀림없는 사실입니다. 우리는 한 단계, 한 단계 과정을 밟아가는 나 자신을 칭찬해야 합니다. 과정 없이 나오는 결과는 없기 때문이고, 우리는 결과가 아닌 과정에서 성장하기 때문입니다. 모두가 결과에만 집중해도 나 한 사람만큼은 과정에 집중하는 걸 선택할 수 있습니다.

무엇보다도 스스로에 대한 '믿음'은 과정에서 만들어집니다. '내가 할 수 있을까?'라는 의심이 수천 번씩 피어나고, 그 의심을 과정으로서 밟아가며 나아갈 때, 그렇게 '내가 할 수 있구나'라는 확신이 생길 때 믿음이 생기는 것입니다. 결과보다 과정에 집중하라는 이유가 바로 이것입니다.

실패와 성공을 나누어 생각하지 않는 연습

때때로 상황이 우리의 바람대로 흘러가지 않거나 주변 사람들로부터 소외감을 느낄 때, 우리는 종종 '성공했다면 이런 대우를 받지 않았을 거야'라고 생각하는 경향이 있습니다. 그러나 이러한 생각은 대부분 우리의 추측에 불과하며, 실제 상황과는 다를 수 있다는 점을 기억해야 합니다. 무엇보다 이 착각은 타인의 인정을 바라지만 타인의 인정을 받을 수 없을 때 튀어나오는 경우가 많습니다. 그렇기에 이 착각에서 벗어나려면 실패와 성공을 나누어 생각하지 않아야 합니다.

내가 나를 인정하려면, 그 인정이 진정성 있게 나에게 다가오려면 일단 지금 내가 해야 하는 일을 최선을 다해서 해야 합니다. 그리고 그 일에 대한 성취감을 느껴야 해요. 작은 일 하나도 최선을 다해서 하는 연습을 하세요. 아주 기초적인 것도 괜찮습니다. 아침에 일어나서 이부자리를 정리하는 것부터 시작해 보면 어떨까요? 잠만 자는 공간이라고 해서 대충 정리하는 게 아니라 구겨진 이불을 빳빳하게 펴는 것부터 시작해 먼지도 떼고, 베개도 예쁘게 놓아 보는 것입니다.

핵심은 이불을 정리할 때는 이불만 정리하는 것입니다. 다음에 양치도 해야 하고, 세수도 해야 하고, 이것도 해야 하고, 저것도 해야 하는데…….. 같은 일을 미리 생각하지 마세요. 지금 해야 할 일에만 집중하세요. 다음에 해야 할 일은 언제나 우리를 기다리고 있습니다. 그 일은 생각하면 생각할수록 늘어나고 압박감을 느끼기도 쉽습니다.

그렇게 '노력하면 되는구나'라는 깨달음이 있으면 더욱 좋습니다. 이 깨달음이 내가 나를 인정하는 길의 시작입니다. 단계, 단계에 집중해서 힘을 키우고, 노력으로 내 안에 믿음을 만드는 것. 그게 가장 중요합니다. 마음이 단단해지는 가장 좋은 방법이 에요. '나는 노력할 줄 아는 사람이야'라고 스스로 확신할 수 있어야 합니다. 최선을 다하는 경험이, 최선을 다한 것으로 원하는 걸 얻어낸 경험이 없는 사람들은 타인의 말에 자꾸 기대게 될 수밖에 없습니다. 그게 사실 쉽기 때문이지요.

N 선수는 이번 상담을 통해 타인의 인정보다 자기 자신을 인정하는 것이 더 중요하다는 사실을 깨달았습니다. 우리의 존재 이유를 타인의 인정에서 찾으려 하지 마세요. 내가 정한 목표와 성과를 이루는 일에 초점을 맞추는 게 더욱 의미 있습니다. 이러한 목표달성은 자신감을 키우고, 자신의 가치를 스스로 인정하는 데 큰 도움이 됩니다. 그리고 이 과정에서 타인의 인정은 자연스럽게 따라옵니다. 나를 인정하는 태도가 타인의 인정을 부르는 것이죠.

N 선수는 마침내 내면의 평화를 찾았습니다. 그는 훈련할 때도, 경기할 때도 놀라운 집중력을 발휘하며 개인 최고 기록을 갱신하는 성과를 이루었지요.

외부의 평가가 나의 전부처럼 여겨질 때, 우리는 내 삶의 철학과 가치, 주관을 망각하기 쉽습니다. 그러나 N 선수의 사례에서 볼 수 있듯, 삶의 중심에 단단하게 서서 자기 자신을 인정하는 일은 중요합니다. 자신을 증명하려는 강박은 때로 부정적인 결과로 이어질 수 있습니다. 인정할 건 인정하고, 내적인 만족을 추구하는 게 진정한 성장으로 가는 길임을 잊지 말아야 합니다. 상담을 통해 자신만의 해결책을 찾은 N 선수는 시합을 앞두고 이렇게 말했습니다.

"오늘 시합에서 저의 목표는 딱 하나예요. 공을 던지는 것 그 자체, 오직 감각에만 집중하여 스스로를 믿고 던지는 것이죠. 그거 하나입니다. 다른 건 아무것도 생각하지 않을 거예요. 아무것도요. 저는 여기에 있어요."

04

1등을 넘어서는
성과 내기

우리는 결과가 전부라고 말하는 세상에서 살고 있습니다. 길고, 지루하고, 끝나지 않을 것만 같은 과정을 겪어야 비로소 결과가 나오는데 어느새 과정은 사라졌죠. 마치 자판기처럼 버튼 하나만 툭 누르면 원하는 결과가 나오기를 바라는 것만 같습니다. 이러한 흐름은 더욱 결과중심적인 사고와 태도를 지향하게 하고, 많은 문제점을 낳게 되지요. 물론 결과중심적인 사고는 강한 동기부여를 제공합니다. 하지만 동시에 부담감과 스트레스를 가중시킵니다. 이번 장은 결과중심적인 사고와 과정중심적인 사고의 비교를 통해 잘하는 것에서, 더 잘하는 것으로 나아갈 수 있는 방법에 대해 전합니다.

결과중심주의가 위험한 이유

결과중심적인 사고는 동기부여를 부르고, 목표를 향해 가열차게 움직일 수 있는 힘을 주지만 한편으로는 경계해야 할 사고이기도 합니다. 많은 선수들을 상담하다 보면 신기하게도 공통점을 발견할 때가 있는데요. 결과중심적인 사고를 하는 선수들에게도 나름의 공통점이 있다는 걸 알 수 있었습니다.

일단 그들은 상대방, 즉 라이벌에 비해 나의 결과가 조금이라도 좋아야 한다는 강박이 있습니다. 이는 타인과 나를 끊임없이 비교하게 만들지요. 그렇게 자연스럽게 타인을 평가하게 되고요. 문제는 이것이 부정적인 생각, 부정적인 마인드셋을 낳는다는 겁니다. 우리는 타인을 평가할 때 장점을 위주로 평가하지 않습니다. 단점을 위주로 평가하지요. 이처럼 타인을 향한 엄격한 잣대는 나에게 고스란히 돌아옵니다. 내가 타인을 평가할 수 있듯이 타인도 나를 평가할 수 있다는 사실을 은연중에 알고 있기 때문이지요. 그러다 보면 지금 내가 해야 할 일에 대한 집중력은 확 떨어집니다. 불안은 점점 높아지고, 결정적인 순간에 발휘해야만 하는 경계심, 주의력은 급속도로 떨어집니다. 수십 년 동안 최선을 다해, 독하게 준비해도 단 0.01초 만에 결과가 나와 버리는 게 스포츠입니다. 대표적으로 올림픽이 그렇죠. 4년 동안 준비해서 나간다고 쳐도 막상 실전에 돌입했을 때 '내가 저 선수보다 못하면 어떡하지?'라는 생각이 들면, 그와 동시에 그 경기는 무너집니다. 0.01초가 이미 지났으니까요.

과정중심주의의 가능성

반면에 과정중심적인 사고, 성장중심적인 태도는 성장과 발전에 초점을 맞추게 되면 내가 원하는 결과는 자연스럽게 따라온다고 믿는 것이죠. 그리고 실제로 그렇고요. 과정이 없고 성장이 없으면 원하는 목표를 절대 이룰 수 없기 때문입니다.

이때 선수는 라이벌을 눈앞의 다른 선수가 아니라 과거의 자신으로 삼습니다. 경쟁이라거나 순위에 집중하는 게 아니라 그저 어제의 나보다 오늘의 내가 더 잘하는 것에 집중하는 것이지요. 내가 과거에 거두었던 성과와 비교하여 개선할 수 있는 영역을 찾아내고, 만일 실패했다면 그 실패를 성장과 학습의 기회로 받아들여 분석하고, 나아질 수 있는 방법을 모색합니다. 이러한 접근 방식은 나의 실력을 꾸준히 향상시키고, 장기적인 목표를 향해 나아갈 수 있게 돕습니다.

또 개인의 성장에 중점을 두기 때문에, 외부의 압력이나 비교,

추측 등에서 오는 스트레스가 상대적으로 줄어들게 됩니다. 우리는 남의 왈가왈부에 귀를 조금 닫을 필요가 있습니다. 저 사람은 내 인생을 대신 살아 주지 않습니다. 누가 뭐라고 하든 말든 그렇게 두세요. 그저 지금 해야 할 일에 집중하세요. 한 단계, 한 단계 쌓아가는 데 집중하기만 해도 시간은 바쁘게 흐릅니다. 나에게 하등 도움도 안 되는 사람의 말을 듣느라 시간을 쓰기에 우리의 시간은 너무 소중합니다.

나의 행복을 미래로 유예한다는 건
: 쇼트트랙선수 O

쇼트트랙선수 O는 최고가 되기 위해 모든 걸 걸고 훈련에 임하는 선수입니다. 다른 선수들이 꺼리는 훈련도 먼저 나서서 동료와 후배들의 사기를 북돋고, 도울 수 있는 건 최선을 다해 도와주지요. 바른 인성을 가지고 있기에 존경하고 따르는 동료와 후배도 많습니다. 지도자들도 그의 실력과 인성을 인정하고, 그의 가능성을 믿습니다. 하지만 O 선수에게는 해결하기 어려운 고민이 있었습니다.

O 선수 선생님, 모두가 저에게 완벽하다고 말해요. 그래도 저
　　는 계속 연습합니다. 하지만 결과는 항상 저를 배신해
　　요. 어떻게 해야 하나요?

O 선수의 무거운 목소리가 제 마음속에 메아리치듯 울렸습
니다. 그의 피와 땀이 어린 노력을 상담사인 제가 누구보다 잘
알고 있기 때문인지도 모르겠습니다. O 선수는 손에 꼽을 정도
로 압도적인 실력을 가진 선수입니다. 하지만 국가대표 선발전
에서 아쉽게 고배를 마셨습니다. 문제가 무엇일까요? 체력적인
문제? 기술적인 문제? 그는 문제는 다른 곳에 있다고 판단하여
마지막 지푸라기라도 잡는 심정으로 상담실을 찾았습니다.

O 선수는 결과를 최우선으로 여기는 선수입니다. 연습 경기
에서도, 실제 대회에서도, 국가대표 선발전에서도 모든 경기의
목표는 언제나 1등이었습니다. O 선수는 운동을 시작한 이후부
터 행복했던 적이 단 한 순간도 없다고 말합니다. 모든 행복을
미래로 유예했습니다. '이번 경기에서 1등을 하면 행복할 거야',
'국가대표 선발전에서 선발되면 행복할 거야'라고 말이죠. 그러
나 이러한 다짐은 그에게 막대한 부담감을 안겨 주었지요.

영원히 오지 않을 것만 같은 미래는 언젠가 반드시 현재라는
얼굴로 변신해 우리에게 다가옵니다. 미래에 행복하려면 현재

에도 행복해야만 해요. 행복의 기준은 사람마다 다르고, 추상적인 면이 없지 않아 있습니다만 하나 확실하게 말할 수 있는 건 결과만을 중시하는 태도는 현재를 소중히 여길 수 없게 만든다는 것입니다. 또 미래는 예측할 수 없습니다. 우리는 지금 당장 30분 뒤의 일조차 쉬이 예측할 수 없는 존재인데, 어떻게 멀리 떨어진 미래의 결과를 알 수 있을까요?

이러한 사고는 O 선수의 긴장감을 높이고, 실패에 대한 두려움을 심어줄 수밖에 없었습니다. O 선수가 생각하는 미래에는 실패란 존재하지 않았으니까요. 결국 그의 욕망이 용기를 잡아먹고 있었던 것이지요.

1등 하지 않을 기회

결과중심주의에서 과정중심주의로 바꾼다는 건 쉬운 일이 아닙니다. 특히 결과가 단번에 나오는 운동선수들의 경우 이러한 사고 전환이 쉽지 않습니다. 그들은 적으면 6세, 7세 때부터 결과중심적인 사고에 노출되어 승리, 우승, 성공이 나의 가치를 증명하는 유일한 수단이라는 생각에 점차 익숙해집니다. 이는 성장할수록 정신과 몸에 달라붙어 결과만이 전부라며 스스로를 세뇌시키고, 스스로를 평가하고 타인과 끊임없이 비교하는 길로 이어지지요.

그 전에 우리는 몇 가지 진실을 다시 한번 마주해야 합니다. 첫 번째, 모두가 1등일 수는 없습니다. 두 번째, 결과만을 중시하는 태도는 과정에서만 얻을 수 있는 배움과 성장을 잊게 합니다. 세 번째, 결과중심적인 사고는 도전하는 것 자체의 아름다움을 훼손시킵니다. 우리는 스스로에게 기회를 주어야 합니다. 바로 1등 하지 않을 기회입니다. 도전하는 것만으로도 많은 걸 가져갈 수 있다는 걸 기억해야 합니다. 어쩌면 그것이 1등을 넘어서는, 더 큰 성장으로 가는 길일지도 모르지요. 즉, 1등을 생각하지 않아야 1등을 할 수 있는 것이고 1등을 넘어서는 도약이 있는 것입니다.

앞서 페이커 선수의 이야기 기억하시나요? 페이커 선수는 우승을 넘어서는 목표가 있다고 이야기했습니다. 그리고 우승 소감으로 과정에 집중하는 걸 목표로 삼았을 때 더 많은 걸 배울 수 있었다고 이야기했지요. 다시 말해 과정이 없으면 그 어떤 것도 존재하지 않는다는 걸 우리는 기억해야만 합니다.

과정중심적인 사고방식을 가지는 2가지 방법

그렇다면 어떻게 해야 결과중심적인 사고에서 과정중심적인 사고로 넘어갈 수 있을까요? 일단 기본적으로 2가지 방법을 실천하면 좋습니다.

◆ 작은 것에도 스스로를 칭찬하기 ◆

O 선수는 스스로를 칭찬해 본 적이 단 한 번도 없었다고 말합니다. 오늘치 훈련을 끝내면 훈련을 끝냈다는 것에 대한 뿌듯함을 느끼기보다는 내일 해야 할 훈련을 생각하며 압박감을 느꼈고, 연습 경기 중 옆에 있는 선수와 충돌이 있어 넘어지기라도 하면 큰 절망감을 느꼈습니다. O 선수는 의식적으로라도 스스로를 칭찬하기로 결심했습니다. 일명 '칭찬 수첩'을 들고 다녔지요. 오늘치 훈련을 끝내면 그 즉시, 칭찬 수첩에 한 문장을 써 내려갔습니다.

'부상 없이 오늘치 훈련을 마친 내가 기특하다.'
'비록 넘어졌지만 다치지 않은 내가 기특하다.'
'배가 고프지 않아도 근육 증진을 위해 닭가슴살을 챙겨 먹은 내가 기특하다.'

칭찬 수첩을 쓴 지 일주일 후 I 선수는 훈련 중간중간에도 무의식적으로 스스로를 칭찬하기 시작했습니다. 인코스 추월로 1위, 2위, 3위권에 안착해 있는 선수들을 동시에 역전하고 1등했을 때는 '충돌하는 게 두려워도 용기를 낸 내가 기특하다'라는 생각을 했고, 보다 강도 높은 하체 훈련을 한 날에는 '어제보다 훨씬 힘든 훈련을 끝낸 내가 기특하다'라는 생각을 했습니다. 여기에서 핵심은 칭찬이 자연스러워졌다는 것입니다.

◆ 지난주의 나와 이번 주의 나를 비교하기 ◆

칭찬 수첩의 효과로 자신감을 충전한 I 선수는 국가대표 선발이라는 먼 미래의 목표보다는 가까운 미래의 목표를 설정하기로 했습니다. 지난주의 나와 이번 주의 나를 비교해서 지난주보다 성장하는 것을 목표로 삼은 것이지요.

500미터 연습 경기에서 지난주보다 이번 주는 코너링 시 낮은 자세를 유지하는 것을 목표로 삼았습니다. 다른 건 생각하지 않고 낮은 자세 유지를 위해 엉덩이를 내리는 것에만 집중한 것이지요. 칭찬 수첩을 쓰는 일도 계속했습니다. 그러자 O 선수의 기록도 점차 단축되었고, 연습 경기에서 연속으로 1위로 들어오기도 했습니다.

O 선수는 과정중심적인 사고를 장착하기 위해 많은 노력을 기울였습니다. 이는 1등이 아니라 기술 성장에 초점을 맞추고 있기에 훈련 과정에서 일어나는 작은 성공, 성장을 더욱 가치 있게 여길 수 있게 만듭니다. 작다고 해서 가볍게 여기면 안 됩니다. 작은 성장을 마주하면서 느끼는 만족감, 자신감이 큰 경기에서 결정적인 영향력을 미치기 때문이지요. 이 방식은 스포츠 경기에서만 유용한 것이 아니라, 일상생활의 다양한 영역에서도 적용할 수 있습니다. 과정중심의 목표를 통해 우리는 결과에 대한 압박감에서 벗어나 순간의 가치를 더 소중히 여길 수 있습니다.

1등을 넘어서려면 해야 하는 일

지금까지 결과중심주의와 과정중심주의를 이야기했습니다. 둘은 장점이 뚜렷하지요. 결과중심주의는 목표달성을 위한 강력한 동기부여를 주고, 과정중심주의는 개인의 내적인 성장, 자기만족을 위한 동기부여를 주지요. 그렇다면 단 하나의 사고방식만 선택하는 게 아니라 이 둘을 적절히 조화시키면 어떨까요?

어느 분야에서든 일정 수준의 성과를 넘어서 최고의 성과,

1등을 넘어서는 성과를 내기 위해서는 이전과는 다른 강력한 사고방식을 가져야 합니다. 예를 들어 결과중심의 사고방식이 지나치게 강조될 경우, 단기적인 성공에 집중하게 되어 장기적인 성장과 발전을 소홀히 할 위험이 있고, 반면에 과정중심의 사고방식에만 치중하면, 현실적인 목표달성과 경쟁에서의 우위 확보에 필요한 동기부여가 부족해질 수 있습니다.

이 둘을 적절히 조화시키는 방법은 간단합니다. 순서를 정하면 됩니다. 첫 번째, 결과중심적 사고방식을 바탕으로 목표설정을 하세요. 두 번째, 과정중심적 사고방식으로 실천하세요. 작은 것 하나하나에도 스스로를 칭찬하고, 어제의 나와 오늘의 나를 비교해 성장 여부를 체크하세요. 그러고 나서 다시 결과중심적 사고방식으로 돌아와 목표를 점검하는 것입니다. 결과중심-과정중심-결과중심-과정중심, 이렇게 끊임없이 반복하며 나아가면 됩니다. 단순하고, 명료하게 말이지요.

마지막으로 너무 먼 미래를 생각하지 마세요. 스스로에게 1등 하지 않아도 될 기회를 주세요. 때로는 놓아주어야 나에게 안겨 오는 것들이 있으니까요.

해가 뜨기 직전이
가장 어둡다

인생이 바뀌기 전에는 커다란 신호탄이 울립니다. 제가 상담했던 선수들도 그랬습니다. 하지만 신기하게도 제 귀에는 선명하게 들리는 이 신호탄을 막상 당사자는 듣지 못합니다. 왜냐하면 지금 내가 처한 이 상황이 고통스럽기 때문입니다. 할 수 있을까, 될까, 말까, 그만둘까. 자기의심은 끝날 기미 없이 이어지고, 부정적인 생각은 꼬리에 꼬리를 물고, 밤낮없이 이어지는 훈련은 온몸을 찢어질 듯한 고통에 떨게 만들고, 어떨 때는 운동보다 인간관계가 나를 갉아먹는 것 같은 하루하루가 이어지지요.

저는 말로 표현할 수 없는, 온몸과 마음이 산산조각이 나는 것만 같은 고통을 인생이 바뀌기 직전에 울리는 신호탄이라고 생각합니다. 저도 그랬습니다. 농구선수로 활동하던 시절의 저는 한 치 앞이 보이지 않았습니다. 하루하루가 무덤 속에서 사는 것만 같았지요. 다 지난 일이지만 제가 현역 선수로 활동하던 시기의 스포츠 세계는 지금보다 훨씬 더 거친 세계였습니다. 지금으로서는 허용할 수 없는 폭력이 당연했고, 그 폭력 속에서 살아남아야만 했죠.

운동선수의 본질은 운동을 잘하는 것입니다. 농구선수는 농구를 잘하면 되고, 축구선수는 축구를 잘하면 됩니다. 하지만 그 시절에는 운동이 아니라 인간관계를 더 잘해야만 했습니다. 지나고 나서 그 시간을 돌이켜 보았을 때, 그 시간은 하늘이 저를 향해 쏘아 올린 신호탄이라고 생각합니다. 그때 그 시간을 기점으로 제 인생은 많은 게 변했습니다. 그 시기에 저는 제가 할 수 있는 모든 노력을 다했지만 원하는 결과를 얻을 수 없었죠. 하지만 이거 하나만큼은 제대로 저에게 남았습니다. 바로 '노력하는 법'입니다.

신기하게도 그 이후로는 모든 게 다 쉬웠습니다. 공부하는 일도 쉬웠고, 논문을 쓰는 일도 쉬웠고, 강의하는 일도 쉬웠습니다. 물론 마냥 100% 쉽다고는 말할 수 없겠지요. 다만 제가 말하는 '쉬움'이란 이런 것입니다. 내가 노력하는 만큼 돌아온다는 것. 스포츠 세계는 노력하는 만큼 돌아오지 않는 세계입니다. 물론 다른 세계도 대체로 그럴 것입니다. 하지만 노력하는 만큼 반드시 돌아오는 나만의 세계가 있더군요. 노력이 배신하지 않는 세계가 분명히 있습니다.

제가 이야기하고 싶은 것은 이 세계가 눈앞에 나타났을 때, 그에 걸맞는 노력을 하기 위해서, 보다 쉽게 노력하기 위해서 지금 노력하는 연습을 해야 한다는 겁니다. 가장 힘들 때, 가장 어려울 때, 그때가 바로 인생이 당신을 향해 힘차게 쏘아 올린 신호탄입니다. 인생이 바뀔 시간이 되었다고 말이지요.

승리를 거두기 직전에도 종종 결정적인 장애물이 나타나고는 합니다. 이번 장은 어려움을 극복하여 승리를 거둔 배구선수의 이야기를 통해, 결정적인 순간에 자신과 마주한 장애물을 극복하고 넘어설 수 있었던 이야기를 전합니다.

오늘의 좌절을 견디는 것
: 배구선수 P

배구 경기는 세트당 25점을 먼저 낸 팀이 승리하는 경기입니다. 단, 한 팀이 먼저 25점에 도달한다고 하더라도 점수 차이가 2점이 날 때까지 경기는 계속되지요. 듀스로 25점이 넘어가면 이제는 정신력 싸움으로 들어가는 것입니다. 신체는 금방이라도 쓰러질 듯 위태롭지요.

배구선수 P는 팀의 운명을 결정짓는 중요한 순간에 서브를 넣어야 했습니다. 결승전 2:2 세트 동점 상황. 마지막 5세트. 스코어는 14:13. 마지막 5세트는 15점을 먼저 낸 팀이 최종 승리를 거둡니다. 즉, 이 상황은 P 선수의 서브가 승부를 결정짓는 거나 마찬가지였지요.

P 선수는 상상했습니다. 서브를 잘 넣어서 상대 팀의 대형을 흩트려 놓고, 리베로가 공을 받지 못하도록 리시브를 흔들어 공이 그대로 상대 팀 코트에 떨어지는 장면을 말입니다. 그렇게 서브 득점으로 팀을 최종 승리로 이끄는 장면을 상상했습니다. 지난 시간 동안 P 선수는 누구에게도 뒤지지 않을 만큼 최선을 다해 훈련에 임했습니다. 그 노력에 걸맞는 성과를 내고 싶은 마음이 간절했지요.

이내 P 선수는 서브를 넣기 위해 서브 구역으로 이동하기 시작했습니다. 심호흡을 하며 천천히 걸음을 내디뎠지요. 수많은 눈동자가 P 선수만을 따라가고 있었습니다. 순간 사람들의 시선을 의식한 P 선수는 급작스레 몸이 뻣뻣해지는 걸 느꼈습니다. 손가락 끝에 쥐가 나려고 하는 것처럼 아릿한 느낌이 감돌기 시작했죠. 그와 동시에 휘슬이 울렸습니다.

'실패하면 안 돼. 모두가 나를 보고 있어! 잘해야 돼. 여기에서 미끄러지면 끝이다.'

저 자신도 모르게 부정적인 마인드셋을 하기 시작한 P 선수의 몸에 힘이 들어가기 시작했습니다. 최대한 몸에 힘을 빼야 한다는 생각을 하면서 공을 툭툭 만졌고, 큰 심호흡과 함께 점프 서브를 올렸습니다. 그러나 서브는 상대 코트로 넘어가지 못한 채 네트에 맞고, 우리 코트로 떨어졌습니다. 14:14. 동점 상황. 이제는 상대 팀보다 2점을 더 내야 합니다. 빠르게 이어지는 상대 팀의 서브. 어렵사리 공을 받아 올린 우리 팀의 리베로, 계속해서 이어지는 숨막히는 랠리, 그리고 상대 팀의 강력한 스파이크. 이어지는 상대 팀의 연속 득점.

14:16. 경기 종료를 알리는 휘슬이 울리고 경기는 끝이 났습니다. P 선수가 속한 팀은 결국 패배하고 말았지요.

P 선수는 한동안 서브에 대한 트라우마로 괴로운 시간을 보내야만 했습니다. 결정적인 순간에 실책으로 팀의 패배를 이끌었다는 생각에 잠 못 드는 밤이 이어졌지요. 서브 실책보다 더 P 선수를 괴롭게 만든 건 서브 실책 이후 이어진 수비 실책이었습니다. 눈을 감을 때마다 공이 떨어지는 장면, 그 공을 잡으려고

하지도 않고 멍하니 바라보기만 하던 자신의 모습이 자꾸만 그려져 악몽에 시달릴 정도였지요.

실수는 누구나 할 수 있습니다. P 선수는 그 사실을 인정해야 한다는 걸 알면서도, 꽤 오래 괴로운 시간을 보냈습니다. 주변의 비방도 묵묵히 견뎌야 했지요.

하지만 저는 이게 하늘이 P 선수에게 쏘아 올린 신호탄이라고 생각했습니다. 실수와 실패를 통해 배우고, 성장할 시간이라고 생각했지요.

저는 P 선수에게 전 세계가 사랑하는 배구 황제, 김연경 선수의 이야기를 잠깐 들려주었습니다. 키 192센티미터의 압도적인 피지컬, 공격과 수비 모두 가능한 만능 플레이어인 그에게도 좌절의 순간이 있었기 때문입니다. 배구선수는 기본적으로 키가 커야 유리한 종목입니다. 2미터가 넘는 네트 위로 점프해 공을 내리꽂는 스파이크를 때리거나 혹은 상대 팀에서 날아오는 공을 네트 위에서 막으려면 키가 커야겠지요. 물론 리시브를 전문으로 하는 리베로는 예외일 수 있겠습니다.

김연경 선수는 어렸을 때부터 배구선수를 꿈꿨지만 중학교에 입학할 때까지만 해도 키가 150센티미터가 채 넘지 않았습니다. 배구가 정말 좋아서 잘 때도 배구공을 꼭 끌어안고 잤다던 그는 자기가 할 수 있는 일에 집중했습니다. 공격수가 될 수는 없어도, 수비수는 될 수 있었기에 수비 연습에 집중했지요. 야간 훈련, 주간 훈련, 주말 훈련, 새벽 훈련 등등 시간을 가리지 않고 수비 연습에 몰두했습니다. 그리고 고등학교 1학년이 되던 해 키가 20센티미터 이상 자라기 시작하면서 수비 포지션에서 공격 포지션으로 바뀌었고, 그렇게 공격과 수비가 모두 다 되는 배구 황제의 길에 본격적으로 들어섭니다.

이처럼 김연경 선수처럼 세계 1위의 실력을 가진 선수조차 좌절의 순간이 있습니다. 더군다나 김연경 선수는 노력으로도 안 되는 신체적인 문제로 더 큰 좌절을 겪어야 했지요.

김연경 선수의 이야기를 들은 P 선수는 김연경 선수의 길을 그대로 따라가고자 결심했습니다. 자기가 할 수 있는 일에 집중하기로 한 것이지요. P 선수는 서브에 대한 트라우마를 극복하기 위해 오히려 서브 훈련에 집중했습니다. 자기만의 루틴을 만들어 수천 번, 수만 번 연습했지요.

그로부터 일 년 후 P 선수는 상대 팀을 혼란을 가중시키는 탁월한 서브를 넣는 선수가 되어 있었습니다. 나를 의심하게 만드는 부정적인 에너지를 제압하기 위해 지금 할 수 있는 일에 집중하며 치밀한 준비, 완벽에 가까운 노력을 기울이자 과거보다 향상된 실력을 가질 수 있게 되었지요.

만일 김연경 선수가 키가 작다는 이유 하나로 배구를 포기했다면 어떻게 됐을까요? 아마 지금의 김연경 선수는 없을 것입니다. P 선수도 마찬가지입니다. 실수했다는 이유로 배구를 포기했다면 과거보다 향상된 실력을 가질 수 없었을 것입니다.

파블로 네루다는 말했습니다. "가장 어두운 밤도 끝나고 해는 뜬다." 밤이 끝나고 해가 지는 게 당연하듯 지금 나의 고통도 언젠가는 반드시 끝이 납니다. 믿어 보세요. 나 자신을 믿기 위해 노력해 보세요. 물론 우리는 인간이기에 자기 자신을 100% 믿을 수는 없습니다. 무엇을 하든 실수할 것이라는 걸 알고, 최선을 다해도 불완전하리라는 걸 알기 때문이지요. 안타깝게도 우리는 100% 완벽한 존재가 될 수도 없습니다. 세상에 존재하는 모든 인간은 완벽하지 않고, 성장하면서 단점을 고치면서 만들어지지요. 그러니 지금 당신의 눈앞에 벌어진 일들을 너무 자책하지 마세요. 당신은 매일매일 조금씩 나아지는 사람입니다.

지금 당신의 인생이 너무나도 고통스럽다면, 하루하루가 힘들다면 세상이 신호탄을 쏘아 올린 것이라 생각하세요. 이 순간만 지나면 분명히 인생이 180도 바뀌는, 당신만의 성공을 만날 수 있는 날이 올 테니까요 저는 당신이 먼 훗날, 인생 전체를 통째로 돌아봐야 하는 날이 올 때 이런 생각을 했으면 좋겠습니다.

'정말 후회 없는 삶을 살았다.'
'이보다 좋은 삶은 없었다.'
'다음 생이 있다면 딱 이렇게만 살고 싶다.'

그렇게 내 인생을, 삶을 긍정하는 사람으로 남았으면 좋겠습니다. 후회 따위는 저 멀리 보내고 말이지요.

🏁 실전 멘탈 강화 워크지 ④

1. 큰 프로젝트나, 시험을 앞두고 우리는 여러 가지 상황을 예측하며 고민에 빠집니다. 특히 부정적인 예측은 현재 상황에 집중하여 최선의 결과를 이끄는 데 방해가 되지요. 부정적인 예측이 끼어들기 전에 나의 고민이 무엇인지 객관적으로 살펴보는 일은 중요합니다. 현재의 고민을 들여다보고, 그에 대한 솔루션을 찾아보세요.

1. 요즘 나의 가장 큰 고민은 무엇일까?

2. 이 고민을 해결하면 어떻게 될까?

3. 해결하기 위해 해야 할 일은 무엇일까?

2. 앞서 서브 실책으로 큰 고통을 겪은 배구선수 P가 부정적인 사고를 긍정적인 사고로 전환한 사례를 살펴보겠습니다. 이를 바탕으로 생각 전환 연습을 해볼까요? 나를 힘들게 만든 상황을 적고, 당시에 떠오른 생각을 솔직하게 가감 없이 작성한 다음, 긍정적으로 전환할 수 있는 방법을 생각해 봅시다.

	상황	생각	전환
1	결정적인 순간, 내가 서브를 넣어야 한다.	실패하면 어쩌지?	지금 내가 해야 할 서브에만 집중하자.
2	우리 팀이 패배했다, 팀의 분위기가 좋지 않다.	이게 다 나 때문이야.	내가 할 수 있는 일이 무엇이 있을지 생각해 보자, 나에게는 다음이 있다.
3	동료가 소리를 지르며 화를 낸다.	'왜 저러는 거지?' 나도 덩달아 짜증이 난다.	저 사람의 기분은 저 사람의 것이지 내 것이 아니다.

〈예시〉

	상황	생각	전환
1			
2			
3			

〈실전 연습〉

"기적을 일으키는 것은 신이 아닌 자신의 의지이다."

— 전 피겨스케이팅 국가대표 김연아

5장

다시 시작하는 마음

내 삶에 진심일수록
가장 먼저 해야 할 일

우리는 종종 휴식을 잊고 삽니다. 성공하려면 원하는 목표를 이루려면 끊임없이 달려야 한다고 착각하는데, 이는 큰 오해입니다. 목표를 향해 나아가는 과정에서 적절한 타이밍에, 적절한 양의 휴식을 취하는 일은 매우 중요합니다. 휴식은 마라톤으로 치면 숨 고르기와 같습니다. 호흡이지요. 휴식은 숨과 같은 존재입니다. 들이쉬고, 내쉬어야 살아갈 수 있는 것처럼 쉬어야 우리도 살아갈 수 있습니다.

공부하든, 업무하든, 운동하든 아마도 그런 순간이 종종 당신에게 찾아오고는 할 겁니다. 집중이 너무 잘 돼서 이 집중을 깨뜨리지 않고, 탄력을 받아서 그대로 더 많은 일을 할 수 있을 것만 같을 때. 그러나 그때 당신이 선택해야 할 건 '멈춤'입니다. 오늘만 하고 끝낼 게 아니잖아요. 늘 말하지만 우리에게는 내일도 있습니다. 지금 그 에너지를 아끼고, 쉬고, 회복해서 내일마저 이어가세요. 오늘의 집중력은 내일도 계속 이어질 겁니다.

소설가 무라카미 하루키의 유명한 루틴도 있죠. 하루에 7시간은 무조건 자려고 하고, 글쓰기는 매일 원고지 20매씩 쓰며, 그날 내 컨디션이 아무리 좋아도 원고지 20매 이상은 절대 쓰려고 하지 않는다고요. 무라카미 하루키는 1979년에 데뷔한 이래로 지금까지도 꾸준히 일본을 대표하는 소설가로 활동하고 있습니다.

여기서 우리는 알 수 있죠. 쉬어야 할 때 쉬어야 내가 하고 싶은 일을 오래 할 수 있는 것입니다.

우리가 쉬는 법을 잊은 이유

내담자에게 '쉬어야 한다', '지금은 쉴 타이밍이다'라고 제안하면 바로 이 대답이 돌아옵니다.

"어떻게 쉬어야 하나요?"

휴식의 중요성은 아마 다들 조금씩 인지하고 계실 거예요. 다만, 어떻게 휴식을 취해야 하는지는 여전히 모르고 있는 분들이 많습니다. 그런데 우리가 휴식을 취하는 법을 모르는 이유가 있어요. 바로 제대로 쉬어 본 적이 없어서 그렇습니다. 떠올려 보세요. 마지막으로 '이게 진짜 쉬는 거지', '아, 이게 휴식이지'라고 쉬었던 때를요. 아마 그리 많은 장면이 떠오르지는 않을 겁니다.

이에 대한 이유에는 편견도 있습니다. 요즘은 운동선수들도 충분한 휴식을 취하는 편입니다. 제가 상담을 진행했던 모 프로 농구팀도 시즌이 끝나면 3개월 정도 휴식기를 가지고 돌아옵니다. 하지만 안타깝게도 여전히 이런 말이 오고갑니다. '여자 선수들은 엉덩이가 퍼져서 오래 쉬면 안 된다', '남자 선수들은 딴짓을 해서 안 된다'. 이런 편견 가득한 말들이지요.

우리 아이들만 봐도 그렇죠. 이제 막 중학교 2학년이 된 한 아이는 요즘 매일 새벽 2시에 잔다고 합니다. 그 이유를 들어 보니, 학원이랑 숙제 때문이라고 해요. 왜 그렇게 학원을 다니냐고 물어보니, 부모님이 딴짓하지 말라고 했다고 대답하더군요. 물론 세상에 모든 부모님들이 그런 건 아닐 겁니다. 하지만 학구열이 높은 일부 부모님들은 여전히 '대학 가면 놀 수 있어'라는 말로 아이의 휴식을 먼 미래로 유예하지요. 저도 어렸을 때는 이런 류의 말을 들었고요.

이런 편견들 속에서 우리가 살아왔기 때문에 우리는 휴식을 멀리하게 되고, 그렇게 휴식을 취하는 방법조차 새카맣게 잊어 버린 게 아닐까요?

잘하는 사람은 쉬는 것도 잘합니다
: 빙상선수 Q

지금까지 '목표설정의 중요성', '내가 맡은 일은 끝까지 해내겠다는 책임감'의 중요성을 이야기했지만, 무엇이 되었든 정도가 지나치면 독이 되는 법입니다. 쉴 생각을 하지 못한 채 앞만 보고 매섭게 달리기 때문입니다. 빙상선수 Q도 그랬습니다. 휴식을 몰랐고, 휴식을 중요하게 생각하지 않는 사람이었습니다.

Q 선수에게는 라이벌이 있습니다. 한 시합에서는 Q 선수가 금메달을 따고, 또 한 시합에서는 라이벌이 금메달을 따는 등 선의의 경쟁을 주고받는 사이입니다. 이러한 류의 경쟁은 분명 개개인의 성장에 도움이 되지만, Q 선수처럼 휴식도 포기하고 목표를 향해서만 간다면 고꾸라지기 쉽죠.

Q 선수 훈련할 때는 저희 팀에서 저를 따라올 선수가 거의 없

는데 경기에만 나가면 제가 힘을 못 써서 순위 경쟁에서 밀려요. 그 이유를 알고 싶어요.

상담사 Q 선수, 아무것도 하지 않고 마음 편히 쉬어 본 적이 있나요? 매일 늦은 밤까지 훈련한다면서요.

충분한 휴식을 취하지 않으면 몸에는 젖산이 쌓이게 되는데, 이는 근육통을 유발하여 운동선수로서 필요한 신체 활동에 부정적인 영향을 미칠 수 있습니다. 또 축적된 스트레스가 제대로 해소되지 않아 경기에서 최적의 컨디션을 끌어올리는 데 방해가 될 수 있지요.

Q 선수는 쉬지 않고 열심히 하는 것만이 승리의 길이라는 어긋난 확신으로, 제대로 된 컨디션을 끌어올리지 못한 채로 경기장에 나섰습니다. 그가 기대하던 성적을 내지 못한 건 당연한 결과입니다. 경기 전날까지 12시간에 가까운 훈련을 하는데, 어떻게 당일에 좋은 결과를 낼 수 있을까요? 이러한 결과는 실망감과 스트레스로 이어져 자신감, 자존감을 깎아먹는 악순환을 만들었습니다. 아마 많은 분들이 그럴 겁니다. 특히 내 삶에 진심인 사람들, 내 꿈에 진심인 사람들이요. 쉴 시간에 일이나 더하자고 생각하는 분들 말입니다. 그러나 삶과 꿈에 진심일수록 잘 쉬어야 합니다. 억지로라도 버튼을 꺼야 합니다.

Q 선수는 변화를 결심했습니다. 그는 훈련 후 30분 동안 스트레칭을 하며 근육을 이완시키고, 약한 부위는 보강 훈련을 하기 시작했습니다. 경기 전날에는 개인 훈련을 자제했지요. 수면 패턴도 개선했습니다. Q 선수는 하루에 4시간씩 자거나, 새벽 3시에 잠에 드는 등 수면 시간이 상당히 불규칙했습니다. 그는 수면이 신체의 회복과 재생에 얼마나 중요한지를 깨닫고, 정해진 시간에 잠자리에 들도록 습관을 바꾸었습니다. 하루에 최소 7시간 수면을 취했지요.

Q 선수의 노력은 곧바로 경기력으로 나타났습니다. 이전 대회와 비교했을 때, 500m 단거리 경기에서는 최고 기록이 0.5초 단축되었고, 1,500m 중거리 경기에서도 기록이 2초 가까이 줄었습니다.

이러한 기록은 Q 선수가 이전보다 더 빠른 속도로 경기를 마치고, 더욱 안정적인 기술을 선보일 수 있게 되었음을 의미합니다. 또 경기 중 실수의 빈도가 줄어들었고, 경기 후 회복 시간도 단축되어 다음 경기 준비에 더 많은 시간과 집중력을 할애할 수 있게 되었습니다.

휴식을 취하는 구체적인 방법

휴식의 방식은 굉장히 다양합니다. 앞에서 말한 게 전부는 아니에요. 운동선수들도 다양한 방식으로 휴식을 취합니다. 개인의 취향과 필요에 따라 달라지지요. 그렇다면 운동선수들은 어떻게 휴식을 취하고 있을까요? 운동선수들이 휴식을 취하는 방법 몇 가지를 살펴보겠습니다.

◆ 7~8시간 이상, 충분한 수면 취하기 ◆

너무 기본적인 것이라 시시할 수 있겠지만 수면은 휴식의 기본 중 기본이라 짚고 넘어가지 않는 게 이상하기에 짚고 갑니다. 우리는 일이 바쁘거나 해야 할 일이 많을 때 수면 시간을 줄이는 것을 1순위로 선택합니다. 하지만 바쁠 때일수록 수면 관리에 신경을 기울여야 해요. 손흥민 선수도 몸 관리 비법을 이야기할 때 9~10시간의 수면을 취한다며 수면의 중요성을 강조했었죠. 김연경 선수 역시 8시간의 수면을 확보한다고 합니다. 또 김연아 선수도 현역으로 활동할 때 오후 10시~11시에는 잠자리에 드는 등 수면 관리에 철저하게 신경을 썼지요.

수면은 신체의 회복과 재생에 필수적인 역할을 합니다. 또 기억력과 학습 능력에도 도움을 주고, 면역 시스템을 강화해 질병에 대한 저항력을 높입니다. 호르몬 균형 및 스트레스와 우울감 해소에도 큰 도움을 주죠. 단순히 피로 회복을 넘어서 전반적인 건강과 기량 향상에 필수적인 요소가 수면입니다. 그래서 선수들은 규칙적인 수면 패턴을 유지하고, 훈련 및 경기 일정에 맞춰 충분한 수면 시간을 확보하는 걸 우선순위에 두지요.

◆ 숨이 찰 정도로 운동하기 ◆

신체를 움직이지 않고, 가만히 둔다고 해서 휴식을 취할 수 있는 건 아닙니다. 앞서 말한 모 프로 농구선수팀은 3개월씩 휴가를 받는데, 그중 3분의 1은 여행을 가거나 남은 3분의 2는 몸의 감각을 유지하기 위해 훈련을 합니다. 그리고 이게 그들에게는 휴식이에요. 우리도 다르지 않습니다. 운동선수들만큼 훈련할 필요는 없지만 스트레칭을 하거나, 가볍게 조깅하거나, 간단한 근력 운동을 하는 건 몸의 순환을 촉진하고, 활력을 끌어올려 피로 회복에 큰 도움을 주지요.

◆ 정적인 활동하기 ◆

그렇다면 어떻게 쉬어야 할까요? 일단 잘 쉬어야 한다는 압박감에서 벗어나야 합니다. 그냥 아무것도 하지 마세요. 그리고 아무것도 하지 않는 나를 즐겨 보세요. 고요하게, 가만히 앉아서 보이는 걸 보고, 들리는 걸 들으세요. 고요할수록 좋습니다. 휴식은 때때로 완벽한 고요함을 필요로 하기도 하니까요.

장소를 옮겨도 좋습니다. 자연으로 가는 게 좋겠지요. 숲, 바다, 산, 강……. 어디든 좋습니다. 나무가 흔들리면서 나는 숲의 소리를 듣는 일, 파도가 일렁이는 바다의 소리, 끝을 모르고 쭉 뻗어 있는 높다란 하늘을 바라보는 일…….

또 영화관에서 가서 휴대전화를 꺼 버리고, 2시간 동안 영화에 오롯이 집중해 보는 일도 좋습니다. 미술관에 가 보는 것도 좋죠. 사람들 사이에 섞여 작품 하나를 응시해 보세요. 어떤 의미인지, 어떤 의도로 그려졌는지 해석하지 않아도 됩니다. 그저 공간을 느끼세요. 이 모든 게 휴식입니다. 휴식이라고 해서 거창할 필요가 없습니다. 꼭 멀리 해외로 떠나지 않아도 되지요.

단, 이 모든 걸 할 때는 혼자가 되어 보세요. 혼자만의 시간은 매우 중요합니다. 혼자 남겨졌을 때 비로소 들리는 소리가 있어요. 그 소리를 들으며 자기 자신을 재정비하고, 내 목표를 재점검하며 다시 달려갈 준비를 하세요.

성공은 균형 잡힌 삶에서 시작합니다. 그리고 이 균형 잡힌 삶이라는 건 굉장히 단순해요. 할 땐 하고, 쉴 땐 쉬는 겁니다. 삶은 그게 전부입니다.

신체적인 휴식도 좋지만, 우리에게는 정신적인 휴식도 필요하지요. 이는 명상, 독서, 음악 감상 등을 통해 내면의 평화와 안정을 찾는 것을 의미합니다.

휴식 기간을 충분히 가지고 복귀한 선수들을 보면 참 신기하게도 전보다 기량이 확 늘어 있는 걸 볼 수 있습니다. 그만큼 휴식이 중요하다는 걸 그들의 몸이 직접 말해 주고 있는 것이지요.

반면에 다른 선수들의 사례도 있습니다. 그들은 휴식 기간을 굉장히 짧게 가지는 편이에요. 길어 봤자 한 달이고, 평균 보름 정도 가지는 편입니다. 저는 항상 말합니다. 휴식 기간을 더 늘려야 한다고요. 실제로 그렇게 짧은 휴식기를 보내고 온 선수들은 안타깝게도 기량이 늘어나 있다거나, 연습을 더 많이 했으니 결과가 좋다거나 하는 편은 아닙니다. 휴식은 훈련만큼이나 중요합니다. 잘 쉬어 주는 게 잘하는 겁니다.

운동이든, 뭐든 잘하는 사람은 쉬는 것도 잘 쉽니다.

지금 길을 잃었다고 느낀다면

내가 원하는 성공, 성취를 이루려면 노력 외의 다른 것이 필요할 때가 있습니다. 연습, 훈련만으로는 부족하지요. 열심히 하는 것 같은데 지금 내가 잘 가고 있는 건지 혼란스럽고, 지금 나의 이 노력을 확신하기 어려울 때가 있을 거예요. 이때 필요한 건 자기 평가입니다. 나에 대한 이해도가 올라가는 것은 물론이고, 지금 나의 상태와 상황이 어떤지, 지금 이 방향으로 가는 게 맞는지 등 과거를 돌아보면서 미래의 지도를 그릴 수 있기 때문이지요. 이번 장은 자기평가의 중요성을 전하고, 직접적으로 또 개인적으로 성취를 이끌어 갈 수 있는 방법을 전합니다.

사실 누가 누군가를 평가하는 일은 어렵습니다. 그래도 우리는 비교적 타인은 쉽게 평가하는 편인 것 같기도 해요. 타인은 내 눈앞에 보이는 존재이고, 즉각적으로 확인하고 평가할 수 있는 부분이 있죠. 또 타인은 타인이지, 내가 아니기에 보다 더 쉽게 말할 수 있는 면도 있습니다. 하지만 자기 자신을 평가한다는 건 정말 어려워요. 이유는 간단해요. 객관성이 떨어지기 때문입니다.

자기평가의 목적 중 하나로 나의 약점이나, 실패를 발견하는 것도 있습니다. 그런데 여기에서 끝이 나는 게 아니라 이 부족한 부분을 인정하는 것까지가 자기평가의 완성입니다. 이는 참으로 어려운 일입니다. 일단 부정하고 싶고, 피하고 싶지요. 하지만 인정해야 합니다. 부족한 부분을 피하면 그 부분은 그대로 남아 있지, 사라지지 않습니다. 인정해야 마주할 수 있고, 마주해야 고칠 수 있어요. 그렇기에 자기평가는 스스로에게 솔직하고, 정직하게 해야만 합니다. 감정에 휩싸이지 말고 있는 그대로 사실을 받아들이겠다는 마음가짐과 태도가 자기평가의 핵심입니다. 그리고 그걸 인정한다고 해서 딱히 달라지는 건 없습니다. 세상이 발칵 뒤집어지거나 하는 일도 일어나지 않아요. 오히려 받아들이면서 마음이 편해지는 경우도 많습니다. 하지만 어딘가 마음이 불편할 때는 이렇게 생각해 보는 것도 좋습니다.

'이걸 다 고치면 나는 반드시 성장하겠구나.'

'하나하나 미션을 깨듯이 나의 단점을 고치자.'

'다음 자기평가 때는 얼마나 성장해 있을까?'

선수들은 경기가 끝난 이후에 자기평가를 하는 편입니다. 결과가 나온 다음, 결과를 기반으로 스스로를 돌아보는 시간을 가지지요. 경기 하나를 끝내고, 또 다른 경기를 준비하며 다시 시작하기에 앞서 하는 자기평가는 내가 어디를 향해 가야 할지 알려주는 나침반이 됩니다.

자기평가의 방법 3가지

그렇다면 자기평가는 어떻게 해야 효과적일까요?

1) 목표와 성과를 비교하기

이는 목표와 성과 사이의 간극을 확인하여, 어느 부분에서 다시 시작해야 할지를 명확히 파악하는 데 중요한 키워드입니다. 목표와 성과를 비교하며 단순히 성과에만 집중하는 게 아니라, 필요한 개선 사항을 확인하고 그에 따라 나아갈 수 있는 법을 찾을 수 있습니다. 목표와 성과 사이의 간극이 너무 크다면 목표를 한 단계 낮게 수정할 수 있고, 목표와 성과 사이의 간극이 좁다면 목표를 한 단계 높게 수정할 수 있습니다.

2) 강점과 약점을 솔직하게 분석하기

나의 강점과 약점을 통해서 지금 현재 나의 위치를 정확히 인식하고, 어느 영역에서 개선이 필요한지 파악할 수 있습니다. 강점을 극대화하고, 약점을 보완하는 전략을 세우기 위해 주변 사람들로부터 피드백을 적극적으로 수집해 보는 것도 방법입니다. 이를 통해 인지하지 못했던 장단점을 발견하고, 나의 강점과 약점 목록을 작성할 수 있습니다. 앞서 말했듯이 자기평가는 최대한 객관적인 시선을 유지하며 진행해야 합니다. 감정에 휘둘리지 않고 공정하게 자신의 성과를 평가하는 일은 어렵지만, 이를 통해 자신에 대한 보다 정확한 이해를 얻을 수 있습니다.

3) 정기적으로 자기평가를 실시하기

자기평가는 일회성으로 끝나는 게 아닙니다. 이전 과정을 모니터링하고, 필요한 조정을 할 수 있도록 해야 합니다. 이러한 접근 방식은 자기평가를 단순히 현재의 성과를 평가하는 것을 넘어서, 미래의 성공을 위한 전략적 디딤돌로서의 역할을 하지요. 이를 통해 자기평가는 현재에만 국한되지 않고 미래를 향한 지속적인 노력의 일부가 됩니다.

정확한 자기평가를 통한 성공 공식 만들기
: 김연아 선수

〈2010 밴쿠버 동계올림픽〉 금메달, 〈2014 소치 동계올림픽〉은 메달, 피겨스케이팅의 불모지에서 피겨스케이팅의 역사를 새롭게 써 내려간 독보적인 선수이지요. 은퇴 이후에도 여전히 피겨스케이팅의 교과서로 불리는 김연아 선수입니다. 앞서 사례로 소개했던 피겨스케이팅 H의 롤모델로 잠시 등장했었는데요. 김연아 선수는 자신의 능력을 분석하고 이를 통해 자신의 성장 가능성을 발견하고, 끌어내고, 그것을 키우는 데 최대한 많은 시간을 할애했습니다. 그는 자기평가를 통해 약점을 극복하고, 강점을 더욱 발전시키는 방법을 찾아냈으며 이 과정에서 객관적인 관점을 유지하고 주변 관계자들과 가족의 조언을 소중히 여겨 성장의 발판으로 삼았지요.

◆ **김연아 선수의 자기평가법** ◆

1. 나의 강점과 약점을 파악한다.

2. 그에 따른 목표설정을 실시한다.

3. 경기에 나간다.

4. 경기 결과를 분석해 나의 목표와 성과가 얼마나 부합하는지 확인한다.

5. 개선 방향을 설정한다.

김연아 선수는 자기 자신이 어떤 존재인지, 무엇을 알고 무엇을 모르는지 아는, 즉 메타인지가 뛰어난 선수입니다. 그는 스스로를 정확하게 평가하고 이해하는 일이 목표달성의 핵심 요소라는 걸 본능적으로 인식하고 있었습니다. 그렇게 나만의 성공 공식을 정립했지요. 그의 자기평가 방식은 앞서 이야기한 4가지 방식을 기반으로 다소 단순하게 흘러갑니다.

이러한 자기평가를 통해 그는 끊임없이 자기 자신을 발전해 나갔습니다. 강점과 약점을 지속적으로 분석하고 개선하기 위해 노력하며, 받은 피드백을 감정적으로 받아들이지 않고 이성적으로 받아들여 즉시 연습에 적용하는 과정을 거쳤지요. 그는 1번부터 5번까지의 과정을 끊임없이 반복했습니다. 자기평가도 핵심은 결국 반복입니다. 실천하고, 도전하는 나의 모습은 매 순간 달라지죠. 자기평가도 마찬가지입니다.

단, 주의해야 할 점이 있습니다. 자기평가는 자기비하로 이어지기 쉽습니다. 강점보다 약점이 먼저 보일 때, 내가 정한 목표와 성과의 격차가 생각보다 클 때. '나는 왜 이렇게 엉망이지?'라는 생각이 들 수 있지요. 이럴 때일수록 공과 사를 의식적으로 구분해야 합니다. 결과는 당신의 존재를 설명할 수 없습니다.

　예를 들어 직장인의 경우 지금 내가 맡은 업무에 관한 성과가 좋지 않다고 해서, 직장 상사나 동료들에게 최악이라는 평가를 받는다고 해서 나라는 사람이 최악인 것은 아닙니다. 당신이 지금 맡은 업무나 업무적인 능력은 노력으로, 또 앞서 이야기한 자기평가의 방식을 통해서 얼마든지 개선할 수 있습니다. 하지만 나라는 사람을 최악이라고 생각해 버리기 시작하면 그 생각을 개선하는 데 꽤 오랜 시간이 걸립니다. 부정적인 생각은 긍정적인 생각보다 더 내 안에 각인이 되기 쉽기 때문이고, 무엇을 하든 은연중에 흔적을 남깁니다. 이를테면 '아, 또 실수했네. 내가 그럼 그렇지, 뭐'라는 식이죠. 그러니 자기평가를 시작하기 전에는 꼭 자기 자신에게 한마디씩 해주세요.

'나는 일과 나 자신을 동일시하지 않는다.'
'일은 일이고, 나는 나다.'

또 자기평가를 아무리 잘해도 결과를 알 수 없기에 놓아 주는 자세가 필요합니다. 김연아 선수도 언제나 최선을 다하되, 내가 납득할 수 없는 결과가 나올 수도 있다는 마음으로 항상 경기에 나갔다는 이야기를 꾸준히 했었죠. 이러한 태도는 결과를 나 자신과 같은 존재로 여기지 않겠다는 의미이기도 합니다. 우리는 지금 당장 이 태도 하나만큼은 실천해 볼 수 있어요. 저는 당신이 자기 자신을 지킬 수 있는 자기평가로 원하는 성공을 이룩하기를 바랍니다.

03

성공한 다음에
해야 할 일

우리는 종종 내가 원하는 목표에 도달하면, 돈을 많이 벌면, 좋은 차를 사면, 좋은 집을 사면, 결혼하면, 성공하면 행복해질 거라고 생각합니다. 물론 차를 사는 순간, 집을 사는 순간, 결혼하는 그 순간에는 행복하겠지요. 하지만 목표를 이루고 나서 시간이 어느 정도 지나면 이유를 알 수 없는 허탈감, 공허함이 찾아오기도 합니다. 바로 달성해야 하는 목표가 사라져서 공백이 생기기 때문입니다. 즉, 무엇을 해야 할지 알 수 없어서 생기는 감정이지요.

이러한 감정은 은퇴하거나 은퇴를 앞둔 운동선수들이 자주 느끼는 편입니다. 다음 날 아침 일찍 눈은 떠지는데 더 이상 운동하러 가지 않아도 된다는 게, 전처럼 식단에 신경 쓰지 않아도 된다는 게, 하루가 이렇게까지 길게 느껴질 수 있다는 게 어색하지요. 모두가 이제는 푹 쉬라고 이야기하는데 어쩐지 쉬면 안 될 것 같은 불안한 감정에 휩싸이기도 합니다.

그렇다면 우리는 목표달성 이후에 무엇을 해야 할까요? 아직 목표를 달성하지도 않았는데 이런 고민을 하는 건 조금 이른 것 같다고 생각하시는 분도 계실 겁니다. 하지만 저는 믿습니다. 당신이 언젠가는 목표를 이룰 것이라는 걸요. 이 장은 그날의 당신에게 전하는 이야기입니다. 미래로 보내는 편지인 셈이지요. 목표를 이룬 당신이 허무한 마음을 잘 수습하고, 달래서 다시 무언가를 시작하기를 바라는 마음으로요. 그렇기에 이 장은 꿈을 이룬 다음에 다시 한번 읽어도 좋습니다.

성공 이후의 삶을 생각하다
: 박지성 선수

대한민국 축구사에 커다란 발자취를 남긴 인물이지요. 언제나 그의 이름 앞에는 '최초'가 붙었습니다. 한국인 최초 프리미어리그 진출, 아시아 최초 프리미어리그 우승, 아시아 최초 FIFA 클럽월드컵 우승……. 아무리 적어도 끝이 나지 않는 대단한 이력이죠. 아침에 일어나서 눈을 뜨면 새로운 역사가 쓰여 있을 만큼 정말 성실하게, 훌륭한 활약을 한 선수죠. 운동선수에게는 다소 치명적인 약점인 평발로 세계를 제패한 박지성 선수입니다.

그는 2014년 5월, 공식적으로 선수 은퇴를 발표했습니다. 33세. 은퇴하기에는 다소 이른 나이였고, 당시에도 많은 분들이 아쉬움을 표했지요. 저 역시도 그의 은퇴 소식을 듣고 그의 경기를 더는 보지 못한다는 생각에 관련 기사만 하염없이 보기도 했지요. 박지성 선수는 평온해 보이는데 어쩐지 제 마음이 싱숭생숭했던 기억이 납니다.

그렇게 박지성 선수의 은퇴 이후 행보는 자연스럽게 모두의 관심사가 되었지요. 박지성 선수는 은퇴 이후에 무엇을 해야 하는지, 내가 진정으로 원하는 것이 무엇인지, 축구가 아닌 다른 삶에서 어떤 가치를 찾을 수 있을지 고민하기 시작했습니다. 한 인터뷰를 통해서 그는 은퇴 이후의 공허함에 대해서 말하며 스위치가 딱 꺼진 기분이라고, 자신이 무엇을 할 수 있을지 고민하고 있다고 말하기도 했지요. 그렇게 그는 삶의 목표를 재정립하는 여정을 시작했습니다. 한 분야에서 정점을 찍은 사람이 여전히 삶과 미래에 대해서 생각한다는 이야기가 저에게도 큰 영감과 자극을 주었지요.

은퇴 이후 박지성 선수는 축구와 연관된 다양한 활동을 통해 사회에 기여하기 시작했습니다. 아시아축구연맹AFC에 사회공헌 위원으로 임명되어 사회공헌 활동에 참여하기도 하고, 국제축구연맹FIFA이 축구행정가 육성을 위해 운영하는 〈FIFA 마스터코스〉를 졸업하기도 했지요. 또 전북현대모터스의 '어드바이저'에서 '테크니컬 디렉터'로 선수들을 위한 멘토 역할을 수행하는 등 축구를 통해 사회에 긍정적인 영향을 전하기 위한 여러 프로젝트에 참여했습니다. 그렇게 그는 축구행정가가 되어야겠다는 새로운 목표를 설정하고, 자신의 경험과 지식을 바탕으로 대한민국 축구 발전에 기여할 수 있는 다양한 방법을 모색해 자기만의 방식으로 나아가고 있지요.

허무함을 받아들이는 법

박지성 선수의 사례를 보며 알 수 있듯이 목표를 달성한 후에 느끼는 공허함은 자연스러운 현상입니다. 달성해야 할 목표를 잃어버려서 이제 어디로, 어느 목표를 향해 달려가야 할지 모르는 아득함에서 오는 공허함인 경우가 많죠. 이때 이 공허함을 어떻게 다루고 대처하느냐에 따라 방향성이 정해지고, 만족감에도 영향을 미칩니다. 그렇기에 새로운 목표를 세운다는 건 삶의 방향성을 다시 한번 재정립한다는 의미이고, 다시 한번 인생 앞에서 최선을 다하겠다는 다짐이기도 합니다. 자아성찰의 시간도 가질 수 있지요. 내 삶의 철학에 대해서 생각해 볼 수도 있고요. 또 이 시간에는 성공의 의미를 재정의해 보는 것도 좋습니다. 성공은 단지 외부적인 성과나 인정만을 의미하는 게 아니라 개인적인 성장, 만족감도 포함해야 합니다. 다른 사람에게 어떻게 보일지가 아니라, 나 자신에게 어떤 영향을 끼칠지를 우선으로 생각해야 하지요. 이는 새로운 목표에 지속가능성이라는 부스터를 달아 줍니다.

성공은 목적이 아니라 과정입니다. 실패도 마찬가지지요. 사실 저는 실패와 성공을 구분하는 게 의미가 없다고 생각합니다. 성공하든, 실패하든 삶은 계속됩니다. 목표를 달성한 이후에도 새로운 목표를 향해 나아가야 하지요. 이는 성장의 성장을 거듭하고, 지속적인 행복을 부르는 길입니다. 사람은 반드시 자기효능감을 느껴야만 자신의 존재 가치를 느끼고 행복하게 살 수 있습니다.

박지성 선수의 이야기는 성공 이후에도 삶의 의미와 목적을 찾는 게 중요하다는 사실을 보여 줍니다. 성공 이후의 삶도 존재한다는 걸 잊지 마세요. 내가 원하는 성공을 넘어서 더 큰 성공을 만났다고 하더라도 삶은 계속됩니다. 저는 당신이 성공하고,

공허함을 극복하고, 삶에 남아 있는 더 커다란 의미를 찾으며 잘 살아갔으면 좋겠습니다. 박지성 선수가 그랬던 것처럼요. 당신도 충분히 할 수 있는 일입니다.

04

언제나 시작은
미약할 것입니다

올림픽이나 아시안게임 등 오랜 시간 동안 준비한 대회 하나가 끝나면 선수들은 손에 잡히는 것부터 손에 잡히지 않는 것까지 무수히 많은 걸 가져가게 됩니다. 나의 성과를 한눈에 알아볼 수 있는 기록은 물론이고, 기쁨이나 슬픔, 시원섭섭함 등등 다채로운 감정들, 신체에 남아 있는 부상 혹은 근육통 등 치열한 노력의 흔적들이 마음속 깊은 곳에 새겨지지요.

그렇게 선수들은 고생한 몸과 마음을 달래고 다음 대회를 위한 준비에 돌입합니다. 혹은 다음 대회를 준비하는 걸 선택하는 대신 지금까지 해오던 걸 모두 정리하기로 결심한 선수들도 있지요. 모두가 다시, 자기만의 시작점 앞에 서게 되는 것입니다.

우리는 간혹 승과 패 사이에서 오직 결과 하나만으로 모든 가치를 평가당하고 맙니다. 하지만 중요한 것은 승리와 패배를 넘어서, 결과를 넘어서 내가 어떤 과정을 거쳤는지, 그리고 그 과정에서 무엇을 배웠는지 지금 나는 얼마만큼 성장했는지를 되돌아보는 것입니다. 결과는 언제든지 바뀔 수 있습니다. 오늘 패배했다고 해서 내일도 패배하라는 법은 없으니까요.

아픔으로 성장하는 우리들에게

사람들은 가끔 저에게 묻습니다. 상담사로 살아가려면 무수히 많은 사람들의 아픔을 들어야 하는데 그 아픔을 소화할 수 있겠느냐고요. 저는 조금의 망설임도 없이 그렇다고 대답합니다. 저역시 아픈 사람이고, 이 아픔으로 성장하는 사람이기에 그렇습니다. 저 역시도 세상에 얻어맞기도 하고, 치이기도 합니다. 하지만 살아가다 보니까 알겠더군요. 이 아픔이 영원하지 않다는 것을요. 삶을 이루는 모든 게 순환이라는 것을요. 어느 날은 아팠다가, 어느 날은 언제 아팠냐는 듯 잠잠했다가 또 어느 날은 저미는 가슴을 붙잡고 눈물을 참아내는 게 인간의 삶이 아닐까 싶습니다. 그리고 그렇게 사람은 성장합니다.

저는 저와 상담하는 선수들이 본인만의 이야기를 솔직하게 털어놓을 때, 상담실에 들어올 때는 어두운 얼굴을 하고 있던 선수가 상담실을 나설 때는 환히 웃을 때, 그렇게 자기 안에 숨겨져 있던 해결책을 찾아낼 때 모든 피로가 씻겨 내려가는 듯한 느낌을 받습니다. 어쩌면 저는 좀처럼 웃지 않는 선수들의 웃는 얼굴을 한 번 더 보고 싶어서, 그게 좋아서 이 일을 계속하고 있는지도 모르겠습니다.

운동을 열심히 하고 나면 다음 날 아침에 찾아오는 통증이 있습니다. 근육통이지요. 근육통은 말 그대로 자극으로 인해 근육이 찢어져서 생기는 통증을 이야기합니다. 하지만 아이러니하게도 근육이라는 건 찢어지지 않으면 성장하지 않아요. 저는 사람의 마음도 그렇다고 생각합니다. 마음도 찢어지지 않으면, 아프지 않으면 단단해지지 않습니다. 근육이 찢어져야 더 튼튼하게 자라나듯이 마음도 찢어져야 더 크게 자랄 수 있습니다.

우리는 모두 아픈 사람들입니다. 그리고 우리는 그 아픔 속에서 성장합니다. 살아있기에 그렇습니다. '왜 나만 이렇게 아프지?', '왜 나만 이렇게 힘들지?'라는 생각에 당신이 매몰되지 않았으면 좋겠습니다. 이 모든 게 성장으로 가는 길목에서 반드시 마주해야 하는 감정이라는 걸 잊지 않았으면 좋겠습니다.

그렇지만 저는 당신이 아프면 아프다고 말하는 사람이었으면 좋겠습니다. 울고 싶으면 엉엉 울었으면 좋겠습니다. 그리고 다시 일어나 씩씩하게 걸어갔으면 좋겠습니다. 아무리 유능하고, 훌륭한 사람들도 아픕니다. 내가 지금 작아서, 내가 지금 못나서 아픈 게 아니고 이 세상에 태어난 사람이기에 아픈 것입니다. 그리고 우리는 아픈 만큼 성장합니다. 반드시 말이죠.

나 자신에 대해 너무 깊이 생각하지 마세요

나의 고통에 대해서 깊게 생각하지 마세요. 이렇게 자기중심적인 생각으로 흘러가게 되면 고통이 더 길어지기 때문이에요. 시작 앞에서 우리가 해야 할 건 깊이 생각하지 않는 것입니다. 세상에는 정말 다양한 사람들이 살고, 다양한 일들이 벌어지고, 아무리 고민을 해서 시작한다고 한들 결과는 절대로 내가 생각하는 대로 흘러가지 않습니다. 그리고 과정을 겪으면서 내가 예상치 못한 문제가 발생하기도 해요.

그런데 그 문제가 발생하면 해결하기 위한 방법만 생각하면 됩니다. 특히 이런 순간에 나 자신에 대해 돌아보지 마세요. 자아성찰은 이럴 때 하는 게 아닙니다. 다 지나간 후에, 파도가 다 지나간 후에 하는 게 자아성찰입니다. 문제가 발생한 건 문제가 있기 때문이에요. 그리고 문제라는 건 한 사람의 잘못만으로 일

어나지 않습니다. 조금 전에 이야기했듯이 세상에는 다양한 사
람들이 살고, 혼자 사는 게 아니며, 혼자서 할 수 있는 일은 이 세
상 어디에도 없습니다. 당신의 잘못이 아닙니다.

받아들이세요. 문제가 생길 걸 미리 걱정하고, 결과에 대해서
생각하느라 시작하는 힘을 잃어버리지 마세요. 그냥 받아들이
세요. 그저 다음에 어떻게 하면 좋을지만 생각하면서 나아갔으
면 좋겠습니다. 복잡하게 생각하지 마세요.

여태까지 무수히 많은 선수들을 보며 느낀 게 있습니다. 인생
을 주체적으로, 성공적으로, 행복하게 잘 살아가는 선수들은 하
나같이 다 단순하게 생각하며 살아간다는 거였어요.

현역 농구선수 시절, 너무 고된 훈련과 훈련에 도움되지 않는
인간관계의 문제로 저는 좋아하는 농구를 그만두기로 결심했
습니다. 그때 코치님에게 운동을 그만두겠다는 장문의 편지를
썼었지요. 그때 코치님이 저에게 보낸 답장이 지금도 기억에 납
니다.

"고개를 들어. 고개를 숙이지 마라. 너는 지금 한 곳만 보고 있잖아. 고
개를 들어라. 저 멀리 산을 봐. 하늘을 봐라. 그게 전부가 아니다. 더 많은
게 있어."

그때 저는 고개를 들었습니다. 너무도 푸르른 하늘과 커다란 산이 보였지요. 산은 정말 높고, 커다랗습니다. 불쑥 그런 생각이 들더군요. 갑자기 이 세상이 커다랗게 느껴졌습니다. '이 세상에서 나는 개미 같은 존재인데, 내가 너무 한 곳만 보고 있었구나'라는 생각이 들었지요. 고개를 드세요. 시선을 돌려서 더 큰 세상을 바라보세요.

시작은 언제나 미약하고, 그게 가장 아름답다는 것

무수히 많은 선수들의 시작과 끝, 희노애락을 함께하면서 시작이라는 게 얼마나 아름다운 것인지 여실히 느낍니다. 설렘, 걱정, 두려움, 기쁨, 뿌듯함, 망설임, 서투름, 주저함, 두근거림, 미약함, 도망치고 싶은 마음……. 이 모든 다채로운 감정을 느끼게 해주는 건 시작뿐이라고 저는 감히 말하고 싶습니다.

저는 간혹 새로운 시작 앞에서 주저하는 선수들에게 시작한다는 게 얼마나 소중한 것인지 알아야 한다고 이야기를 합니다. 시간이 더 지나면 시작이 주는 다채로운 에너지는 점점 사그라들 수밖에 없어요. 나이가 들고, 경험이 쌓이면서 무수히 많은 시작을 경험해 보았기 때문이지요. 그러니 지금 이 시작이 주는 선물을 잘 만끽하세요. 즐기세요.

　시작은 미약해야 합니다. 그래야 먼 훗날 돌아보았을 때 내가 얼마나 성장했는지 잘 알아차릴 수 있기 때문입니다. 그리고 시작이 주는 미약함은 오래 가지 않을 겁니다. 당신이 이 미약함에서 강인함으로 나아가기 위해 노력할 거라는 걸 알기 때문이지요. 그러니 이 미약함을 즐기세요. 가볍게 시작하세요.

　어떻게 시작해야 할지 여전히 모르겠나요? 제가 쉬운 방법을 알려드리겠습니다. 일단 신발을 신으세요. 어떤 신발을 신을지 고민하지 마세요. 아무 신발이나 신고 무작정 문을 열고 나가세요. 그게 끝입니다. 더 큰 세상이 기다리고 있어요. 당신이 문을 열기 전부터 말이지요.

🏁 실전 멘탈 강화 워크지 ⑤

우수 선수들을 살펴보면 훈련과 경기에 대해 놀라울 정도로 긍정적인 관점을 가지고 있습니다. 경기를 즐기는 여유도 있지요. 즉, 긍정적인 자기암시를 하면 과거의 실수나 미래의 걱정에 연연하지 않고 지금 집중해야 할 것에 고도로 집중하는 데 큰 도움을 줍니다. 실제 선수의 사례를 살펴보고, 나에게 적용해 봅시다.

시합 직전	지고 있을 때
1. 한번 해보자. 2. 나를 믿고 행동하자. 3. 하나하나에 최선을 다하자.	1. 기회는 온다. 2. 끝까지 물고 늘어지자. 3. 지금 이 경기를 할 수 있음에 감사하다.
막상막하일 때	**이기고 있을 때**
1. 한 번에 하나씩만 하자. 2. 방심은 금물이다. 3. 결국 내가 승리할 것이다.	1. 끝까지 가 봐야 안다. 2. 힘들어도 한 발만 더 내밀자. 3. 하나하나, 작은 것에 집중해 보자.
졌을 때	**이겼을 때**
1. 나에게는 다음이 있다. 2. 이미 지나간 건 잊어버리자. 3. 어디서부터 잘못되었는지 평가하자.	1. 노력하면 되는구나. 2. 다음에도 꼭 이길 것이다. 3. 다음에도 잘하기 위해 아쉬운 점을 보충하자.

〈예시〉

〈실전 연습〉

실패를 생각하지 않는 연습

2024년 8월 21일 초판 1쇄 발행

지은이 김미선
펴낸이 이원주, 최세현 **경영고문** 박시형

책임편집 이채은 **디자인** 정은예
기획개발실 강소라, 김유경, 강동욱, 박인애, 류지혜, 조아라, 최연서, 고정용, 박현조
마케팅실 권금숙, 양근모, 양봉호, 이도경 **온라인홍보팀** 최혜빈, 신하은, 현나래
디자인실 진미나, 윤민지 **디지털콘텐츠팀** 최은정 **해외기획팀** 우정민, 배혜림
경영지원실 홍성택, 강신우, 김현우, 이윤재 **제작팀** 이진영
펴낸곳 (주)쌤앤파커스 **출판신고** 2006년 9월 25일 제406-2006-000210호
주소 서울시 마포구 월드컵북로 396 누리꿈스퀘어 비즈니스타워 18층
전화 02-6712-9800 **팩스** 02-6712-9810 **이메일** info@smpk.kr

ⓒ 김미선(저작권자와 맺은 특약에 따라 검인을 생략합니다)
ISBN 979-11-6534-998-1 (03190)

쌤앤파커스(Sam&Parkers)는 독자 여러분의 책에 관한 아이디어와 원고 투고를 설레는 마음으로 기다리고 있습니다. 책으로 엮기를 원하는 아이디어가 있으신 분은 메일 book@smpk.kr로 간단한 개요와 취지, 연락처 등을 보내주세요. 머뭇거리지 말고 문을 두드리세요. 길이 열립니다.